体育训练与教学发展研究

杨 洋 王 瑞 蔡金胜 著

中国书籍出版社
China Book Press

图书在版编目(CIP)数据

体育训练与教学发展研究/杨洋,王瑞,蔡金胜著.
北京：中国书籍出版社,2024.11.
ISBN 978-7-5241-0075-1

Ⅰ.G807.4;G808.1

中国国家版本馆 CIP 数据核字第 2024J8W688 号

体育训练与教学发展研究

杨 洋　王 瑞　蔡金胜　著

图书编辑	成晓春
责任编辑	李国永
封面设计	博健文化
责任印制	孙马飞　马 芝
出版发行	中国书籍出版社
地　　址	北京市丰台区三路居路 97 号（邮编：100073）
电　　话	（010）52257143（总编室）　（010）52257140（发行部）
电子邮箱	eo@chinabp.com.cn
经　　销	全国新华书店
印　　刷	北京市怀柔新兴福利印刷厂
开　　本	710 毫米×1000 毫米　1/16
字　　数	201 千字
印　　张	10.75
版　　次	2025 年 1 月第 1 版
印　　次	2025 年 1 月第 1 次印刷
书　　号	ISBN 978-7-5241-0075-1
定　　价	68.00 元

版权所有　翻印必究

前 言

体育在现代社会中的地位与价值逐渐提升，人们越来越重视现代体育的作用，体育的社会功能和作用日益扩大，已成为增强人们体质、丰富人们文化生活的一项重要的手段。体育提供的健康与快乐，是人们美好生活愿望中的重要需求，极具增长潜力以及社会价值。体育作为我国素质教育的一部分，在培养人才方面有着不可替代的作用，它肩负着全面发展身体素质，增强体质，传授体育知识、技术和技能，培养学生良好道德品质和顽强拼搏精神的重任。

体育教学是学校体育教育体系的重要组成部分，在学校体育教育中具有重要的地位和作用。体育教学属于教育学的范畴，但与其他课相比，除了传授知识之外，还有锻炼身体、掌握运动技术、提高学生身体素质的任务。在教学方法上除了要遵循人的一般认识规律之外，还必须遵循人体机能的活动变化规律和人体技能的形成规律。因此，体育教学是按照生理和心理学的特点，激发学生各运动器官功能，促使其与思维之间的内在联系，使学生掌握科学的运动技术和锻炼身体的方法的活动。

在体育教学的不断发展和改革的进程中，体育教学理论也在不断地进步和发展。本书在撰写过程中汲取了国内外众多专家、学者在体育教学发展方面的成果，在此表示诚挚的谢意！由于作者水平有限，错误和不当之处在所难免，恳请广大读者在使用中多提宝贵意见，以便本书的修改和完善。

目 录

第一章 体育教育概述 ·· 1
　第一节　体育教育的本质 ··· 1
　第二节　体育教育思想 ·· 13
　第三节　体育教育的发展趋势 ··································· 27

第二章 体育教学体系 ·· 31
　第一节　体育教学的原则 ··· 31
　第二节　体育教学的内容 ··· 45

第三章 体育训练的基本理论 ······································· 55
　第一节　速度训练 ·· 55
　第二节　柔韧性和灵敏性训练 ··································· 58
　第三节　耐力训练 ·· 61
　第四节　肌肉力量训练 ·· 69

第四章 高校体育训练的方法 ······································· 78
　第一节　专项身体素质训练方法 ································ 78
　第二节　体型体态训练方法 ······································ 96
　第三节　高校日常跑、跳、投训练方法 ······················· 99

第五章 高校体育训练模式 ·· 107
　第一节　高校体育训练新模式 ··································· 107

· 1 ·

第二节　高校体育教学引入拓展训练模式……………………111
　　第三节　高校体育教学与运动训练互动模式……………………114

第六章　现代教育理念下体育训练体系的建设与优化……………118
　　第一节　把握科学的体育运动训练理念…………………………118
　　第二节　遵循体育运动训练的原则………………………………128
　　第三节　掌握科学体育运动训练的方法…………………………135
　　第四节　依据训练计划参加运动训练……………………………142
　　第五节　加强学校高水平运动队的训练与管理…………………155

参考文献………………………………………………………………163

第一章 体育教育概述

第一节 体育教育的本质

一、体育教育的构成要素

（一）体育教育的内容

体育教育的内容是教育者和受教育者相互作用的中介，缺少了它，各项体育教育活动都将无法开展。它是教育实施的载体和教育价值的体现，体育教育目的和目标的实现以及体育教育功能的体现，都需要体育课程作为纽带。体育教育内容也是教师体现自我价值的一种形式，它为学生展示个人综合能力提供了机会，对学生和社会产生积极的影响。

体育教育内容的选择和确定，在微观上要认真研究教学中的各种实际条件和可能获得的支持，在宏观上要判断、把握社会发展和人类进步的需要。

1. 目的与目标

体育教育本质和功能在整体和宏观上对人和社会所产生影响的综合体现，主要受社会发展和人的总体需求的影响，在非特殊情况下，体育教育目的的实现需要若干个体育教育目标作为铺垫。体育教育的目的规定了体育教育的发展方向，一旦确定就不能更改，体育教育本质受限于社会，还被个体的需求和实际状况影响着，具有较强的灵活性、层次性和阶段性，在一定层面上它可以因教育对象的不同而有所调整。

2. 体育教师

体育教师在体育教育过程中，对体育文化起到一定传播作用。体育教师工作职能不仅是体育知识和技术的传播者，更是体育知识和技术的培养者。在教育过程中体育教师所采用的教学方法，体现了体育教师是具体组织者，教学内容以及其表现出的教学风格，体现了体育教师是体育教育的控制者和执行者，体育教师的人格特征和基本素养等都会影响到体育教育目的和目标的实现，对受教育者产生一定的影响。

3. 教育环境

在我国体育教育中环境因素是必不可少的因素，其中包括场地的使用、器材的运用、天气的变化、地理位置、人际关系和运动氛围等因素。以上这些都是体育教育过程中必须的因素，这些因素都在无形中或者有形中，影响着体育教师的个人素养和体育教育的价值观，以及对工作的责任心等。同时也使学生对体育的态度和动机，在个性和价值观情感等方面有积极或消极方面的作用，这些因素直接影响着体育教育的实施进程及效果。

4. 方法

由于体育课程内容的种类繁多，课程内容受教授时间和效率要求及知识量大小等因素的影响，因而所使用的教学方法也比较灵活。

教师、课程和学生三者密切相关，体育学校教育的课堂教学目标是为了教学任务在规定时间能够出色地完成。

5. 学生

学生是教育的对象和目标，不管是任何类型的教育都是通过学生的行为和行为改变来实现和证明自身的价值和意义的，任何正确形式和任何正确性质的教育在一定意义上都对学生起到积极引导作用。体育教育的功能是通过学生的身体练习来实现和展现的，所以说学生是知识的延续者，是知识的接受者，关系着体育教育是否能正常进行。

学生的生理、心理、运动水平、学习能力等方面，需要学生进行大量的身体练习，在体育教育过程中的实际状况的好坏将直接影响体育教育的效果是否能顺利实现。

6. 反馈与评价

反馈和评价是通过体育教师根据学生的实际情况有针对性开展的，实施教学计划和教学内容，并通过有效的教学方法和积极的教学态度对教学计划进行快速有效地调整和改进。由此可见，体育教育过程是一个复杂的动态过程。

学生可以通过教师的评价、他人的评价，为以后的学习积累经验，及时发现自己的不足，从而提高学习效果。

(二)体育教育的本质特点

1. 实践性

对于体育教育来说实践才是检验教学成果的有效途径，对于运动技术的学习和技能的掌握，必须通过反复的练习和亲身体验才会有效地达到目标的要求。在具体的体育教育过程中，只听、看、想象是远远不够的，甚至会对学生起到负面引导作用，所以在体育教育过程中一定要注意亲身体验。

身体练习表现为两个方面。教师的身体练习，其目的是通过直接的感官刺激使学生形成动作表象，是一种以直接感知为目的的教学方法。这种练习较多地表现为教师在教授过程中所做的动作示范，它加强对动作概念、路线、方向等方面的理解和定型；学生在学习和掌握动作技术过程中的身体练习，要加强对理论知识的理解和应用，其中包括了变换练习、模仿练习、完整练习、分解练习、重复练习等方法。这种学习过程主要经过泛化、分化、巩固和自动化几个阶段，各种运动技术和技能的形成必须经历反复的身体练习才能获得。

体育教育培养学生的体育思想、行为、习惯和兴趣、道德等，传授体育文化给学生，通过不断地身体练习实践才能得以形成、巩固和发展。

2. 娱乐性

体育课程内容有一部分是对人的生理和心理起到放松和调节作用的，使人的心情愉悦，除了运动技术的学习之外，其中的体育游戏和体育舞蹈都可以使人们在繁重的工作和学习中得到放松，如体育竞赛和体育赛事的欣赏、社区体育活动的举办可以让人们的情绪在生活中获得释放。

举办各种各样的体育竞赛和体育活动，可以使人们的生活更加丰富。通过赛事的组织，可以加强人与人之间的沟通，在这个过程中不仅可以让个人得到锻炼，还可以使小团体和俱乐部等得到很好的锻炼。通过锻炼可以调节人们紧张的情绪，舒缓烦躁的不良心理，从而促进心理健康发展。

3. 健身性

体育教育的健身性是在频繁的身体锻炼中体现的，主要是为了促进身心健康发展。

健身性的体现还需要教师根据学生的实际情况来安排。教师要结合课程内容和学生实际水平安排适量的体能锻炼，不能超过学生的心理负荷和生理负荷。适当的锻炼可以使学生在逐步获得良好运动技术和技能的同时，身体和心理方面也有良好的变化，这不仅有利于学生的全面发展，还有利于引导正确的社会风气。

4. 连续性与阶段性

对运动技术的学习必须遵循由简到繁、由易到难的规律。人们接受的体育教育从最开始的学前教育和初级教育再到中等教育和高等教育这四个阶段，充分体现了它的阶段性和连续性，任何专业、任何学校的学科课程中都不能缺少体育教育，从入学的那天起就已经开始接受体育教育并开始进行体育锻炼了。人的一生中体育教育始终没有被中断过，它受学生实际运动水平和身心特征的影响较大。

体育教育的连续性有利于学生明白自己的需求和兴趣爱好，明确自己的发展方向,有利于学生对完整体育知识的掌握,培养良好的运动习惯和为以后离开学校后的终身体育教育打下坚实的基础。

体育教育还包括阶段性,在制订体育教学计划时,多采用分阶段性的方式进行体育教育,主要是通过循序渐进的方法对学生进行有效的体育教育。这样还能有效避免伤害事故的发生,为运动技能的形成提供科学依据,同时还便于学生对运动知识和技术的快速掌握。

5. 效果持续性

通过长时间反复的练习后,该项运动技术的结构和原理特征将在学生的脑海中形成深刻的痕迹,学生能自如地运用运动技术,逐渐形成对该项运动的兴趣和习惯。

现在,在许多中学和高校都开展了体育俱乐部教学,这有利于学生对某项运动技术的深入学习。当学生进入社会后,这项运动技术仍然能保证他们顺利进行自主性的身体锻炼,有效地提高学生的运动积极性,更好地满足学生的运动兴趣需要。学生对体育锻炼的态度、价值观等的认识将获得一定的进步,运动技能会得到提升,体质也得到持续、稳步地巩固和提高,这些对学生的身体锻炼意识和行为所产生的影响将是长期的,乃至终身的。

6. 环境特殊性

由于体育教学多以实践为主,受体育课程内容及体育教育目的目标和特点的影响,体育教育不仅可以在室内和室外进行,还可以在校内和校外开展,一些隐形的环境也将对体育教育产生影响,大量的室外教学也会受限于气候与温度的变化。体育教育在教学空间上表现出较明显的特殊性。

环境的不同对体育教育也是会有一定影响的,各项体育运动需要适量的器材和适当的场地。体育教育需要体育的氛围、学校和班级的运动氛围、人与人之间的关系和体育课堂上的氛围及场地器材的布置等,这些都影响参与者的动机和态度,甚至影响参与者的价值观和情感品德等。

7.内容多样性

体育教育的内容是根据学校和班级的情况，以及参照学生个人情况和场地情况等多种因素而定的。生理卫生和健康教育等属于体育课程的重要方面，这些都是与运动技术有关的，运动休闲和体育欣赏也属于体育教育，它讲授的主要是运动原理或者是保健方法和裁判方法等。以上这些都充分反映了体育教育内容的复杂性和多样性，同时也体现了该学科的综合性。

二、体育教育的功能

某事物在特定的环境中所能发挥的作用和能力，这种特定的发挥就是功能；体育教育在一定的环境和条件下对人和社会所能发挥的作用和功效，就是体育教育的功能。

(一)体育教育本质功能

体育教育的本质功能是通过有目的、有计划的身体练习，在参与体育教育的过程中，学生和体育教师都在生理和心理上承受着持续性的运动负荷刺激，对增强体质、促进健康有积极的作用，有利于机体的新陈代谢以及各项器官功能的改善和提高。体育教育的本质功能主要表现在以下几个方面。

1.提高运动系统功能

通过体育锻炼能有效增加肌肉力量促进骨骼的生长发育，能预防骨折、骨裂等运动损伤的发生。对于处在生长发育阶段的青少年来说，为了有效提高骨的坚固性和抗压能力，就必须坚持进行适量的体育锻炼，其能有效促进骨骼的生长，使关节活动的范围和幅度加大，有利于运动损伤的预防和良好形态的形成。

2.提高运动能力

增强运动能力可以使心肺功能得到提高。长时间的锻炼使人体肺活量增大,这有利于增强机体对氧气的摄取和利用,有利于改善机体的呼吸功能。

体育锻炼还会使身体有一些良性变化。在体育运动过程中,心脏发生运动型肥大现象,具体表现有心脏容积增大、心脏肌肉增厚等,这些良性变化提高了心脏的泵血功能,提升了血液运输氧气的效率。

3. 增强神经系统和内分泌系统调节功能

神经系统功能的增强体现在一些对抗比较激烈、动作速度较快的项目上,如乒乓球、羽毛球、篮球等。其主要表现为机体内各种激素的分泌量趋于相对平衡,兴奋与抑制功能的稳定、完善以及反应灵活性的增强等方面,具有一定的稳定性和控制性,能有效保持机体物质代谢的正常进行。

4. 促进心理健康

体育教育对改善当今社会的亚健康有很多大的帮助,可以使人们充分认识到自身的身体状况。当今社会竞争越来越激烈,人们的生活和工作的节奏逐渐在加快,这就导致人们经常会出现焦虑不安、抑郁烦躁及自卑逃避等各种各样的心理问题。由于人们承受了各种各样的压力,如果不能及时让这些压力产生的不良情绪发泄出来,那么就会对身心健康产生消极影响。

经常参加自己喜欢或擅长的体育娱乐活动,对调节心理有积极的促进作用。能扩大自己的交际圈,有利于提高自己的社会认知能力和人际交往能力,能增加对各种社会角色的认识,能更好地表现出自信、自尊、拼搏、竞争、团结协作、相互信任等心理品质。

5. 提高机体对自然环境的适应能力

为了提高机体对自然环境的适应能力,我国的体育教育基本是在户外进行的,除非一些必要的运动在室内。这种教育环境的设置,为学生适应外界的环境提供了很多条件和机会,也有利于提高学生的免疫力和抵抗力。

6.增强消化系统的功能

消化系统主要是对食物进行消化和吸收。长期的体育锻炼不仅可以促进消化系统中各个器官的功能,还可以帮助食物在消化道中被完全分解、充分吸收,促进身体的生长发育,并给机体提供必要的营养物质和能量,提升机体的代谢效率和能量供给,增加消化液的分泌,提高消化系统中各种酶的活性。

(二)体育教育一般功能

1.传承体育知识和文化,形成运动技能

通过进行体育教育不仅可以使学生学习良好的体育道德和体育精神,还可以使学生掌握一定的体育健康知识,培养学生的运动兴趣和爱好习惯等。通过体育知识学习和爱好兴趣的培养,可以使学生充分认识到体育教育的价值观,使学生可以进行自主锻炼,逐步掌握运动的技能技术,通过技术能力的提高逐步形成终身体育教育的意识。

2.培养良好的思想品德和顽强的意志品质

体育教育对学生进行积极的思想品德教育,能较好地培养学生的集体主义精神和集体荣誉感。

集体活动可以充分调动学生的积极性,使学生有种集体荣誉感,也使学生形成坚毅、自信、积极向上、吃苦耐劳、勇于拼搏、果断等优良品德。

3.扩展人际关系,提高社会交往和适应能力

体育教育具有灵活多变的教育方法,能有效培养学生的人际交往能力,形成谦让、平等、尊重、互助、信任的默契关系,能从别人身上吸收有利于提高自己的学习方法,如分组教学法、讨论法、探究法、合作练习法等,通过自觉的对比较快地发现自己的不足。

由于体育活动具有一定的开放性,它不仅扩展了人际交往的范围,同时也提高了社会交往能力,为人际关系的发展提供了保证。这些都有助

于学生今后能更好地适应社会,获得更好的发展。

4.有助于民主和法制意识的形成

体育运动的参与者首先要了解体育的规则,这就形成了一种对体育参与者的约束和要求,充分体现了体育运动的公平性和公正性。这种情况在任何国家和地区、任何人和任何民族,不管体育参与者的身份和权利地位有多高,都是不可以违反的。

体育的规则不是由某一个人或者是某一国家控制设定的。它是能够体现民主的一种规则,不受任何外界因素制约。这是为了保证体育比赛的公平性和体育运动员的合法权益性,体现了体育比赛的公正性和公开性。在体育比赛过程中,它更是对每位运动员的合法权益进行保护,体育运动员享有自愿参加和退出的权利。

5.培养正确的审美观

个人审美观的形成关键受限于个人的意识形态,以及对美的认识和判断标准,并受社会发展和时代特征的影响。通过体育教育能形成和培养学生对身体形态、人格精神、动作技能等方面的美学判断标准和能力。发展至今,人们对美的判断标准逐渐丰富,有"骨感美""人格美""自信美""健康美"等。

不论是参与体育活动的运动员还是观看者,都有利于其正确审美意识和观念的形成,都能在享受体育锻炼的过程中在身体、技能、精神等方面获得满足和升华。

三、体育教育的未来发展

(一)体育教育理念的终身化转变和健康性要求

在 20 世纪 60 年代法国的教育家保尔·郎格朗就已经提出了终身教育思想的概念,这一概念的提出迅速成为世界的主流教育模式,对世界的教育制度和教育内容、方式等都产生了巨大的影响和改变,使体育教育思想和体育教育发生了很大的飞跃。

随着我国的素质教育和基础教育的改革和深化,我们开始关注学生离开体育教师后是否进行体育学习、注重体育锻炼。为了实现我国现代体育教育的发展目标,促进学生在校期间的身心健康发展和体育知识学习,应该让学生明白体育锻炼不仅仅局限于学校。

现代社会经济和生产力的发展,不再局限于教会学生几种运动技术,更加注重学生的自主学习能力和欣赏体育的能力,体现了体育教育的发展逐渐向具体目标定位。通过享受体育和健康生活体现了学生可以根据自身实际条件,为自己选择和定制科学的、合理的锻炼方式,让学生通过自学获取体育锻炼的健康知识,使学生具有终身体育的意识,从体育中获得终身效益。

体育教育必须使学生明白注重体育与健康两者的关系和对未来生活、学习及工作的重要性,突出健康意识、行为和价值观的教育,形成良好的个人健康生活方式和锻炼的习惯、能力,为今后更好地学习和工作提供保证。

(二)体育教育目标和功能的多元化

由于现代社会和人类的综合性、整体性发展需求,体育教育的功能和目标向着全面性的道路发展,不再只重视运动技术的掌握和运动技能的提高,而是发挥其多功能性和综合性优势。通过现代体育教育,不仅增强学生体质,强调体育教育对人的整体效应,还要通过身体运动积极开发学生的思维能力和创新能力,提高身体素质,掌握运动技术、提高运动能力,掌握体育与健康知识、技能和方法,培养学生良好的思想道德和意志品质,规范他们的行为,形成正确的体育价值观和健康观,并具备一定的审美标准和能力。

体育教育的目标和功能日趋扩大,养成终身进行体育运动的意识、习惯、兴趣和能力,是发展人际关系和社会交际能力的重要表现。但也不能就此认为体育和体育教育是"万能"的,在具体的实施过程中还应加强理性的分析,突出其重点。

(三)体育教育内容的全面性和广泛性

结合未来社会对人才规格和培养模式的更高要求,受体育教育目标和功能多元化发展趋势的影响,在《课程标准》中就将体育与健康课程的学习划分为运动参与、运动技能、身体健康、心理健康和社会适应五个领域,体育教育内容在整体上要继续扩大体育教育的教育价值体现,逐渐改变以往单纯传授运动技术的单一局面,这也正是体育教育内容全面性和广泛性的体现。加强体育教育内容个性化和社会价值的彰显力度,反映出了现代人所应具备的基本体育素质,它将体育教育的社会性和教育性进行了有机的结合。

体育课程管理体制的实施使我国的体育教育内容更加丰富,让更多的地区和学校有了自己特色,体育教育内容体系更加完善,更好地体现了世界性与民族性相结合、现代性与传统性相协调的发展道路。

(四)体育教育方法的多样化和组织形式的灵活性

针对不同类型和性质体育教育内容,体育教育的组织形式不再以集体教学为唯一选择,体育教育的组织形式应打破以往"教师一言堂""以教师、教材、课堂为中心"的模式。许多新型、现代的教育方法和学习方法广泛地产生并运用于体育教育实践中,体育教育方法数量也逐渐增多,体育教育不能只局限在课内和校内,在条件允许的情况下还应加强校内与校外的交流,让学生更多地接触社会。现代社会要求人与人之间的友好、和睦相处,这有利于开发他们的个性思维,培养其创造意识、能力,使理论与实践结合更加紧密。

体育教育内容的综合性也促使体育教育方法必须发挥其整体效应,转变为以集体授课为基础,保证正常教学任务和目标的完成,充分结合分组教学、小团体教学、自学、讨论等方式进行,为体育教育组织形式的多样化提供了发展方向,也能给学生更多、更好的自由发展空间,从而推进终身体育教育的发展进程。探究式教学法、合作式学习法、发现式教学法、网络教学、主题式教学等,越来越多地运用在体育教育中。

(五)体育教育评价的综合性和长效性

通过体育教育评价的实施,让体育对象能够全面地认识自己,了解自己的不足。体育教育评价主要是从不同角度,对体育对象进行多样性评价,建立一个综合性的评价标准,在此基础上建立起促进学生发展的体育教育评价体系。

将客观评价与主观评价相结合,对其进行合理的调控,最终指向的是体育教育和评价对象的未来,而并非仅对现状的评定与甄别。充分认识自己的优势与不足,核心思想是通过各种评价方法的运用,及时发现问题,形成正确、客观的自我概念,保证体育教育今后的发展效果和正确方向,及时地、有针对性地主动寻找长期或短期的改进措施和方法,为获得更高层次的发展奠定基础。

为了能够保证评价的准确性,我们要做到单性评价和综合评价相结合、自我评价和他人评价相结合、定性评价和定量评价相结合等多方位、多角度的全面评价,并随时进行有效的监督和检验。

(六)体育教育与全民健身

1. 体育教育培养学生正确的体育观,形成终身体育意识

通过各种体育教育活动的实施,激发其内在的参与动机,使学生树立持之以恒的决心,并通过不断的运动实践而逐渐巩固,使学生对体育目的和功能做出正确的判断,促进终身体育意识的形成。

体育观包括人们对体育的价值、意义和态度等方面的看法,是人对体育在人类和社会发展中所起作用的认识。

2. 体育教育使学生具备一定的运动知识、技术和技能

体育教育是教育的一部分,通过参与体育教育活动,学生能掌握运动技术,形成运动技能,及全面、系统地获得运动基本知识、保健方法、锻炼方法、卫生知识等。

教师应为学生在日常生活中进行科学、有效的自主锻炼提供必要支持,承担起对学科知识的传授和传承责任。

3. 体育教育促进学生运动兴趣、习惯和爱好的形成

从学前体育教育到高等体育教育,尤其是到了初中和高中阶段,学习

内容的数量、广度和深度都有明显增加,从而形成正确、稳定的运动兴趣、爱好和习惯。体育教育内容应从最简单的基本活动能力的培养开始,如走、跑、跳、投、攀、爬等,之后逐渐延伸和扩展,这有利于学生在充分了解各项运动技术特征的基础上,为学生终身体育的实施提供保证,为以后进行更加深入和系统的体育学习指明方向。体育教育内容涉及田径、球类、体操、武术、舞蹈等项目的技术教学,学生应结合自己的实际条件正确选择符合个人需求和运动能力的运动项目进行练习。

4.体育教育为"全民健身计划"的实施提供了人力和物质支持

《全民健身计划纲要》指出:"各种国有体育场地设施都要向社会开放,加强管理,提高使用效率,并且为老年人、儿童和残疾人参加体育健身活动提供便利条件。"

虽然各专业的学科设置、人才培养最终目的和价值体现方式等有较大的区别,但就各专业所涉及的研究范围而论,我国高等体育院校开设的专业主要有体育教育专业、人文社会专业、人体科学专业、民族传统体育专业、体育保健康复专业等。另外,这些都有力支持了全民健身计划的顺利开展,目前,它们都能深入普通群众的体育活动并担负起组织、实施和指导等工作。体育教育是一种有意识、有目的、有计划地以身体练习为基本手段,以增强身心健康、培养良好的道德品质和社会适应能力为目的的教育过程。但是由于体育教育的构成要素复杂且不稳定,导致我国的体育教育一直处于发展阶段,随着我国社会的不断进步,我国的体育教育一定会有质的飞跃,实现全面提升。

第二节 体育教育思想

一、体育教育的定义

对体育教育概念进行界定之前,无论是教育基本理论还是单纯的教育,都必须在体育实践中才能体现和反映体育教育成果,因此体育教育是教育和体育两者相结合的产物。体育教育的产生受到我国教育的影响和制约,这是由于人们对体育教育的认识不够充分。以下内容主要针对我国的"教育"和"体育"两者的涵义进行阐述。

(一)"教育"的概念

最开始的教育并不是以词语形式出现的,而是在我国的甲骨文中以单字的形式出现的。"教育"一词最早出现于《孟子·尽心上》:"得天下英才而教育之";最早对"教育"一词进行解释的是东汉年间的许慎,他在《说文解字》中说道:"教,上所施,下所效也""育,养子使作善也。"

教育是人们采用一定的手段和方法,把隐藏在人们身上的某种具有意义的东西引导和开发出来的一种行为;对人们的发展和成长有着重要的意义。

总体而言,教育是经过精心设计和组织的,并促进个体社会化和社会个性化的实践活动。教育能满足人类自身发展的需要,能有意识、有目的、有计划地使学生身心获得全面、积极、有效的发展,它有其固定的内容、结构和程序,不能随意进行。

可以看出,作为一种教育方法,教育可以通过一定的手段和方法促进社会的进步,它对人类社会的发展有一定的积极影响。

(二)"体育"的概念

我国使用"体育"一词要追溯到清末时期,1896年上海南洋公学师范学校附属小学的《蒙学读本》首次提出"体育"一词,即"泰西之学,其旨万端,而以德育、智育、体育为三大纲""体育者,卫生之事也"。那时的体育与人们的生产和生活有较密切的联系,从"体育"这个词的简单涵义来看,单纯指机体的基本活动,它是一种对身体发展有益的途径,作为一种社会现象或活动早在远古时期就已经产生,甚至可以与当时的劳动合为一体。

清政府颁布的《奏定学堂章程》中规定各级各类学校必须开设"体操科"。之后的一段时间里,"体育"的涵义被"体操"所取代,直到1923年后才被改为"体育课"。

至今人们对体育的目的和功能的理解也大相径庭,许多国家对体育目的的基本认识都趋向于增进人的身心健康发展,但世界各国学术界对体育的概念仍不能形成比较统一的认识。虽然不同时代社会发展的特征和要求不同,但有一点是毋庸置疑的——体育必须以人体运动为基本手段和表现形式。此外,体育具有一定的教育性,是一种积极有效的社会行为,这些观点都有利于对体育概念和本质的深入研究。

就社会发展的角度而言,体育对社会政治、经济、文化等方面的进步起到一定的作用,并且能够提高全民的身体素质。体育具有双重属性,即教育性和社会性。

因此综上所述,体育是推动社会进步和发展必不可少的因素之一,也是以增进人们身心健康、提高生活质量、发展运动能力、促进社会和谐发展为目的的一种教育形式和社会现象。

(三)"体育教育"的概念

在我国最早提出"体育教育"这一概念是在20世纪20年代。体育教育概念的提出,使我国的体育教育、体育和身体体育等概念有了明确的划分。由于受到体育教育性质和功能等因素的影响,体育教育的概念随着时代的变化而变化,也就是说体育教育概念并不是一成不变的,而是根据社会的需求和时代的发展特征不同而界定的。

1994年出版的《学校体育大辞典》中指出:"体育亦称体育教育,是学习掌握体育知识技能、发展身体、增强体质的教育活动,是对人体进行培养和塑造的过程,是教育的组成部分。"随着《学校体育大辞典》的颁布,这个词才被用于国家颁发的一系列教育法规和文件中。体育教育主要有以下几种论述。

(1)以发展身体、增强体质为主要任务,体育教育指身体教育。

(2)体育教育活动包括传授体育技能、传播体育理论知识和教授体育技巧等教育活动。

(3)通过身体技能的传授培养体育道德,通过身体活动传授锻炼身体的技能,增强体质,有计划的体育教育可以培养意志品质和体育的目的。

(4)体育教育对学生的身体教育和指导学生增强体质具有十分重要的意义,它可以督促学生进行全面的身体锻炼,做到有计划、有目的和有组织的锻炼,同时可以让学生更好地掌握体育知识和培养良好的思想品德。

(5)体育教育以身体练习为基本手段,随着人类社会的不断发展,人类的体质也在不断增强。

综合以上的几种观点可以认识到体育教育是通过有意识、有目的和有计划地培养道德品质来进行体育文化传播、增进身心健康和社会适应能力的教育过程或社会活动。

二、体育教育基础思想

纵观体育教育的发展历程,体育教育思想在历史的变迁中逐渐发展和完善。随着社会和人类的进步与发展,我国的体育教育思想形成了丰富的内容体系。体育教育思想将在人文教育思想和科学教育思想的共同作用下,朝着多元化的方向迈进,影响着体育教育思想的改革和发展。在我国教育事业发展中,体育教育思想的发展得到了逐步的推进,主要从国外引进向具有我国特色的独立发展转变。社会形态的转变导致对社会成员基本素质和能力要求的转变,也使得我国的体育教育获得了更强的生命力。在这个过程中,体育由单一的生物学科向生物、心理、社会等多元学科发展。

体育教育发展以某一种体育教育思想为主体,应充分认识到体育教育作为一个独立的系统所具有的属性,究其根源就是体育教育在其社会性与主体性之间选择的结果。它只有作为社会和教育系统的子系统与其他子系统联系时,才能理清我国体育教育思想发展演变的主线索,为体育教育思想在未来社会中的发展准确"把脉"。才能进一步认清体育教育在我国发展史中曾经扮演的角色,以及它在未来社会发展和人类进步中肩负的使命。

如今体育教育已经是体育事业发展必不可少的教育课程,也是体育事业发展必不可少的组成部分。

（一）教育思想的定义

《教育大辞典》对"教育思想"的定义为："教育思想即对教育现象的认识,主要包括教育主张、教育理论、教育学说。"教育思想大致分为两个层次:一是零星的、不系统的看法、想法、主张、要求与建议;二是指经过深入探索而提出的系统的教育理论、教育学说。

体育教育基础思想具有社会性、时代性、阶级性、历史性和民族性等特征,我国的体育教育思想受到了我国的社会发展和特定社会环境、阶级利益及时代背景的阶段性影响。

(二)体育教学思想

一般情况下,教学以实现教育任务为目的,是教师的教与学生的学的双边共同活动。基于对"教学"概念的认识,体育教学应使师生双方在教与学相互作用下达到传授的目的,是实现体育教学目的和任务的基本途径,是掌握基本运动知识、技术和技能,促进身心健康,获得全面发展的活动。

体育教学思想是以特定时期的社会状况和时代背景为前提的,反映了一定时期社会、教育、人们的需求对体育教学的要求。它依照人才培养的要求逐步形成对体育教学活动的本质、功能、目的等属性的理性认识和看法,与学校体育思想有本质上的区别,不能混为一谈。因此不难得出,体育教学以学校体育思想理论体系为基石,它随着学校体育思想的变化而做出相应的调整,在学校体育思想的宏观指导下产生,能够更好地实现和完成学校体育教育的目的和任务,是学校体育思想的实践形式,是学校体育思想在人才培养上的具体反映。

(三)学校体育思想

体育教育思想在我国是一种子概念,并不属于主流概念。逐渐形成的学校体育本质属性和我国的发展方向、目标及我国国情的基本发展规律等许多方面的看法,和每个时期的不同主张是出现这种情况的主要原因,这是一种作为教育活动和社会现象而存在的。

受社会主流教育思想和学校整体教育思想的影响,学校体育显然已经成为学校教育的重要组成部分,这是发展的需求,属于个性特征比较明显的教育思想。学校体育思想以一定的教育思想为理论基础,它是学校体育教育发展的蓝本,对学校体育的管理和发展有着积极的指导作用,总领着学校体育的各项具体实践活动,指引着学校体育作用的发挥。学校体育思想是人们在一定社会和时代的学校体育实践活动中,直接或间接

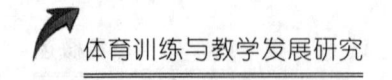

形成的对学校体育的认识或看法,它在一定的历史时期内反映了研究者们对学校体育本质的认识与看法,甚至形成一种学术流派。

三、体育教育思想的特点

(一)时代性

每当社会发展到一个新的阶段,就会表现出一个特定的时代特征。它在这个特定的时期内对所有的人和事赋予了与之相吻合的特性,也体现社会现状及发展的要求,这种时代特征是各种社会现象和社会实践活动的综合体现。现阶段体育教育是保证社会正常、快速运转的重要支柱,是教育的重要组成部分,说明,体育教育思想产生了与之相呼应的变革。

(二)民族性

体育教育应具有本国、本民族的特点,从清末《奏定学堂章程》的颁布到新中国成立初期,再到信息传递如此发达的今天,我国主要实行的体育教育思想呈现着不同的特点。

体育教育是促进社会发展和民族进步的途径之一,如今我国对国外成功体育教育思想的借鉴不断增加,世界各国间的相互沟通和交流也在不断加强。我国应根据自身的实际需求和现状,通过全面分析和对比,经过"去其糟粕,取其精华"的整合后,将两者进行有机的结合,切实与本民族发展需求相符合,体现出本国特色,只有这样体育教育思想才能反映出世界发展趋势。

(三)指导性

体育教育思想从整体上规定了当今或未来一段时间内体育教育的总体发展方向,是对体育教育发展的判断。

这种具有预见性的主张结合体育教育自身的特点,对当前体育教育核心理论有清晰的认识,并根据时代发展特征和人们的共同需求和功能而得出的具有科学性的结论。体育教育思想影响着具体的实施过程,包括教育目标、任务的制订,教育内容和方法手段的选择等。

(四)阶级性

从社会发展的历程中不难发现,体育教育必须服从、服务于统治阶级的需求。从古至今,体育教育除了具有教育性质外,无论是哪个国家,它不仅为社会发展提供支持,也为统治阶级发展自身提供服务,体现出明显的社会属性。

体育教育思想是在具体的体育教育实践中表现出的一种意愿和倾向,是社会发展的规律和必然,独立存在于社会发展之中。当今我国的体育教育思想强调为人自身能全面健康的发展提供保证,但追根究底,它仍然具有一定的为国家利益服务的作用。

(五)长期性

体育教育思想受特定时期社会整体状况的影响,能对未来体育教育的发展做出科学、合理的预测,能结合社会发展的特征得到社会普遍认可的以及关于体育教育核心的认识,对体育教育在一段时期内所能发挥的功能和价值做出正确的判断,在一定的社会环境下从宏观上深刻阐述了体育教育的本质和终极目标。体育教育思想对体育教育各个方面的发展所产生的决定性作用是长期而稳定的。

四、我国近代以来主要的体育教育思想

从整体上看,我国体育教育思想的发展伴随着体育教育的逐步实施而逐渐成熟和完善,从我国近代教育体制的建立开始,体育教育思想的蜕变史体现了我国的时代特点和民族需求。

我国体育教育经历了从最开始的完全效仿到摸索前进,再到效仿中和摸索相互结合,最终明确发展方向,并向着多元化发展等几个阶段。这一体育教育思想的过程见证了我国体育教育思想、体育健康思想和体育终身思想等观点,同时见证了我国体育教育思想发展的坎坷道路,及体育教育思想与社会和人的逐渐适应和融合的过程。

(一)自然主义体育思想

自然主义体育思想主张体育不仅要注重运动技能的学习,还主张教育的出发点和归宿在于满足和发展儿童的生活需要、兴趣和能力。这种体育思想突出的特点就是运动的选择要顺应锻炼者的需要和兴趣,在教育过程中要遵循儿童生长发育的自然规律,明确了体育教育与学校教育

的关系,不过多干涉和约束且任其发展,尊重儿童的自由选择,从而发展儿童的自由个性,利用自然条件进行各种身体活动,强调锻炼要按照学生的年龄和身心特点进行。

这种思想形成了一套通过自然环境磨炼,使儿童在大自然中成为具有较强自主性的"自然人""自由人"的体育锻炼方法,采用跳跃、爬树、游泳、跑步、徒步等方式,在大自然中利用自然界原始的各种障碍、条件及环境的变化,增强他们对自然界的适应能力。不仅锻炼了身体,培养了自由,而且还增强了自主的能力与习惯,磨炼了儿童的意志。

早在古希腊时期亚里士多德就已经有了教育要与儿童自然发展相适应的思想,提倡人性解放,强调人的自然本性和价值。

之后由于近现代的西方自然主义体育思想的影响,在文艺复兴时期形成了一种教育理论,其反对宗教神权对人权的侵犯,主张教育要遵循儿童的自然发展规律。法国伟大的启蒙思想家、教育家卢梭在他的著作《爱弥儿》之中就阐述了自然教育理论。从夸美纽斯认为的自然界扩展到了儿童身心发展的自然顺序,延伸了"自然"的涵义,卢梭认为人们所应受的教育来源于自然、人和事物三者,自然环境能使儿童获得全面锻炼和发展。

通过社会时代的发展,体育教育思想逐渐成熟,瑞士的资产阶级民主主义教育家裴斯泰洛齐提出,教育要遵循儿童自然生长规律,主张教育要学会激发儿童的潜意识,同时发展儿童的天赋。

英国唯物主义哲学家、教育家洛克在其著作《教育漫话》中认为,最好是在自然环境中用顺应儿童自然发展规律的方法锻炼他们的意志,在增进儿童健康的过程中,提出健康的精神来源于健康的身体。

美国实用主义哲学家杜威受实用主义教育思想影响,明确指出体育应为人们的生活服务,持续进行体育活动,以提高生活质量和水平,使他们能够把在学校学到的各种知识和技能有效运用于生活中,自然主义体育思想应成为生活的一部分。

此后,德国教育家古茨穆斯促使德国早期的体育教育形成了自然主义教育体系,将体育教育有计划地纳入日常的教学活动中,形成了相对比较完整的理论研究和实践体系。1774年,德国教育家巴泽多创设了博爱学校,主张在假期采用自然的环境和手段对学生进行身体、意志、技能的训练。

卢梭回归自然的教育理论在18世纪末的德国和瑞典的学校体育教育中都得到了验证,对德国和瑞典的学校体育产生了积极的重要影响,这种自然主义体育思想在学校教学中有了很好的进展,同时提高了学生的体质。

对科学与民主思潮的大力宣传和倡导,是在我国的五四运动和新文化运动期间。民国政府教育部在进步思想的影响下,于1922年11月1日发布了《学校系统改革令》,教育史上称为"壬戌学制"。教学内容正式废除了兵操,在学校体育方面,此学制和次年公布的《新学制课程标准》都把"体操科"改名为"体育课",开始了对学校体育全面、系统地认识,体育课和课外活动内容一致,代以田径、球类、游戏等。

自然主义思想在我国得到迅速发展和传播,是因为这种思想更符合人类的体育教育的实质性发展,同时可以更好地满足人们的需求,丰富了人们体育教育的内容和教学形式。这种思想的优越性在我国体现得淋漓尽致,对我国近代体育教育的发展及理论体系的初步构建具有积极的促进作用。它充分激发了学生的学习热情和愉快的课堂气氛,激发了学生的主动性,为人们进行体育学习和掌握体育知识提供了很好的氛围。

自然主义体育思想的推行还加深了人们对体育教育及体育的认识和理解,为西方体育运动在我国的广泛发展创设了条件,促进了课外体育活动及业余训练的开展。自然主义体育思想对田径、球类等竞技运动的推崇,积极地推动着体育教育朝着健康、科学的方向发展,各种运动竞赛制度也相继建立起来。

自然主义体育强调体育的教育作用、培养儿童的体育意识及终身参加体育活动的习惯、促进个体的全面发展等观点,对以后体育教育的发展都具有进步性和指导意义。自然主义体育思想极力主张以学生为中心,认为学生受到运动教育的同时,自然而然会获得健康的身体。但由于自然主义体育思想强调体育的育人作用,过分强调教育的出发点和目的,在一定程度上削弱了教师的教学积极性。为了适应学生的兴趣及个体发展需要,容易滋生松散、涣漫的教学现象,不利于学生获得系统、全面的体育知识,可能导致学生不能有效从事身体锻炼,从而影响体育教育工作正常、有序地开展。

(二)终身体育思想

终身体育教育思想影响深远,这种教育思想最早出现在古希腊时期的教育家和哲学家柏拉图关于哲学的教育思想探究中,后来有亚里士多德提出的闲暇教育思想等,这些思想都具有现代终身教育思想的本质。

终身体育教育思想打破了传统的学校体育思想,文艺复兴时期的成人教育理论和实践规模的推广,使得这种教育思想开始大规模地出现,在一定程度上初步确立了终身教育思想。

终身体育思想是现代教育新思想对体育教育的新要求,要求人们不断地坚持进行身体活动,以适应现代社会发展和变革的需求。随着人们空闲时间的增多以及人们对闲暇生活和自身身体健康关注的逐渐升温,它主张将有意识、有目的、有计划的体育贯穿人的整个生涯。人们的体力劳动越来越少,而脑力劳动逐渐增加,这就要求现代学校对体育教育的培养不能脱离实际,而是要让学生在各种环境下学会坚持和能够独立进行身体的锻炼,通过体育锻炼缓解工作中带来的压力和改善自身大脑发展出现的各种问题,防止出现大量的文明病和亚健康等问题。

终身体育教育思想强调的是社会成员从出生到死亡,都要不断进行体育知识的学习和身体的锻炼,所以学校体育应该强调的也是这种终身体育教育思想,能够为学生终身从事体育锻炼提供有效和强有力保障。

为了使体育整体化和系统化,学校体育教学还应该和家庭、社区结合,使家庭和社区也成为学校体育的参与者,方便人们在学前、学校、社会和家庭社区等不同时期不同的生活领域,都可以得到锻炼身体的机会。同时使不同的锻炼、教育方式连接起来,保证体育教育的连续性、完整性和一体性,使他们对体育锻炼形成正确的认识和态度,以及坚持锻炼的习惯。学校不仅要传授各种运动的基本技能和知识,对学生的体育锻炼做出正确的设计和效果评定,培养他们进行自主锻炼的意识及能力,还要使学生学会根据不同的环境和条件来选择合适的体育活动方式和方法。学校体育教育是一个不可或缺的重要阶段,终身体育思想具有明显的全民性、终身性、社会性特征,重视培养人们形成自我锻炼的思想、习惯及能力,最终实现建立一个体育社会的理想。

我国为了培养学生的主动性和积极性,明确规定学校体育教育要对学生进行终身体育教育训练,在一定程度上决定了体育的技能和学生进行体育锻炼时的习惯。终身体育思想自身带有的强烈时代性,它有力地推动了学校体育向着人文化与社会化并重的方向发展。虽然终身体育思想是从社会对人才的需求角度提出来的,但它在追求人更好、更长久地为社会发展做贡献的远期效益的同时,也强调了对人进行体育意识、体育知识和技能培养的近期效益,以及它与现代社会发展对人的要求之间的高度一致性,使其在学校体育教育中受到普遍的关注和重视,并且日益加强和完善。

(三)快乐体育思想

快乐体育思想认为情感是知识向智力转化的动力,它以情感教育理论和终身体育思想为理论依据,着重培养学生的非智力因素,是人格发展的重要途径。并主张体育教育要从学生的心理和情感入手,是师生关系的调节剂和桥梁,使他们充分了解体育运动蕴藏的价值和意义。该思想强调在教学中应将快乐的课堂气氛和个人情绪贯穿各种身体活动之中,以便充分激活学生积极主动地进行自我教育和身体锻炼的各种内部因素,培养他们的体育运动行为,形成积极、乐观向上的生活态度,有助于学生认识体育运动的本质,促进学生身心和独立、自由个性的发展,充分体会到体育运动的乐趣。

快乐体育能有效地激起学生积极主动地学习体育知识和技能的激情,使学生通过对运动技术的学习和掌握而获得一种成功的快乐感受,让学生在快乐轻松的教学环境下体会到参与体育运动的快乐,是一种重要的学习心理体验。快乐体育思想在具体的教学过程中是以小集团为主的学习形式开展的,学生的主体地位得到了尊重与发挥,体现了体育教学的因材施教原则,有利于学生终身体育意识和能力的培养。学生可以根据所在集团中大部分同学的兴趣、爱好、特点来决定学习的内容和进度,这不仅增强了学生的创新能力,而且提高了学生自主学习的能力。

不难看出,快乐体育面向的是终身体育。该教育思想从情感教学入手,以研究学生的情感需要、快乐需要、体育需要为出发点,认为体育教学是知、情、行的统一,十分重视学生的体育志向及和谐人际关系的建立,在教学中尊重学生的个性特征,从学生的内心深处激发他们的学习动力。强调学生的主体地位,它将育体与育心相结合,用启发式的教学方法给学生留出了宽阔的自由发挥空间。追求的是身体锻炼中成功的乐趣和积极团结协作的精神感受,在教学过程中,改变了以往体育教学中单纯注重技能传授的观念,学生的学也不再是机械被动地接受,教师的教不再是强行灌输,但并不因此而盲目推崇单纯性轻松、愉快的教学氛围,这就意味着在教学过程中将会较难准确把握它的实施尺度。快乐体育思想强调的是学生按照个人的兴趣,自主、积极、主动地进行学习和探索,为学生的健康、自由发展提供了条件。快乐体育思想是一种体育心理教育思想,以情感体验为主,所以生动活泼的课堂气氛必须结合严密的课堂纪律,这样在实际的教学活动中就不容易出现一些不良现象。

由于快乐体育思想主张以小组的形式进行教学和学习,因此它对班级人数、场地器械的数量和规格,及教师具备的知识和能力等有较高的要求。在我国目前的中小学甚至大学中,教学班级普遍规模大、人数多,在很大程度上限制了快乐体育的发展。而且地方政府、学校对体育场地的建设和器械补给支持不够,很难满足每个学生不同的学习和运动需求。快乐体育思想在注重运动技能传授的基础上,还要尊重学生对教学内容的选择,进一步强调了个体运动体验、情感感受等心理因素的发展。总的来说,其自身的局限性容易对体育价值的取向过于偏向本体论,以致一些不良教学现象出现。

(四)体质教育思想

20世纪70年代末扬州会议的召开,标志着我国学校体育进入独立发展的时期,在学校体育教学过程中强调以发展学生身体及增强学生体质为主导。

新中国成立初期,体质教育思想在我国学校体育思想发展史上一直占有重要的地位,也是各学派有关学校体育本质属性争论的热点之一。在加强国防力量的特定历史时期,我国学校体育过于注重竞技功能,忽视广大青少年体质以至出现学生体质普遍下降的状况。

体质教育思想认为增强学生体质就是学校体育的唯一目标,这一思想注重学生身体锻炼的直接效果和运动负荷的安排,而且尽量选择适当的教学和评价方法与之相配套,这就使得学校体育教学实践目标明确、专一。

体质教育思想在很长一段时间里占据了学校体育思想的主导地位,由于它与我国当时的国情相适应,因此学校体育在一定程度上实现了增强学生体质的愿望和目的。

但是体质教育思想在当时有限的教学实施条件和诸多不利因素的影响下,在一定程度上忽视了对学生个体实际情况的研究。由于这种教育思想主要是以学生身体形态和运动能力为评价的依据,要求和标准相对统一、单调,因此,自身理论体系中出现了较多的不完善,使得当时的学校体育着重关注学生单纯体质的改变,不能有效促进学生的全面发展。

(五)运动技术教育思想

新中国成立初期,急需各种先进的建设经验,这一时期,苏联主智主义教育思想对我国各学科教学产生了深刻而长期的影响。其代表人物是凯洛夫,他认为在教学中不断地利用自己已有的观点去辨别和吸收新观点,就能越来越多、越来越系统地获得新知识,各学科教育都应该以知识的传授为本,并强调教师、教学组织形式和教材在教学过程中的中心地位。

这种教育思想在我国处于百废待兴的情况下,逐渐形成了以竞技运动传授为主的运动技术型的体育教育思想。由于受到了帝国主义国家的排斥,我国在国内外环境的影响下,更加确定了这种思想的理论,并以它为基础为我国的学校教学组成添砖加瓦,促进学生身心发展。学校体育的开展为国家选拔后备人才提供了有力的保障,为培养高水平运动员提供了竞技体育的基础,为建设体育强国服务,从而为国争光。

在体育教育思想中认为运动技术是竞技体育中不可被抹消的文化，是一种教育过程中应该被重视的基础运动，尤其重视对基本运动知识、技术和技能的传授，并强调运动目的论和运动手段论的统一。这种强调主要是为了我国体育事业能够在世界体育竞技场上得到强有力发挥，因而突出的是教师、教材、课堂的中心地位。学习这些运动技术，能在一定程度上提高国家和民族的国际地位和声誉，向各国展示出自己的实力，开启我国与世界各国交流和沟通的新局面，并借此突破国际社会对我国的封锁。

我国的运动技术教育思想在当时的社会环境下，确实对我国体育教育事业起到了促进作用，对国家的发展也起到了独特的积极作用。但这种教育思想在我国对学生也产生了一定的约束，学生学习的自主性受到压抑，学生的创新性和主动性受到影响，同时在教学中倡导整齐、统一的学习和评价方式以及教师的中心地位也产生了一定的负面影响。

这种教育思想在一定程度上影响了当时社会对体育和体育教育的正确认识和态度，忽视了学生的实际情况，将学生体质的增强认为是在掌握基本知识、技术和技能过程中自然会出现的结果，在评价方法和手段上没有做到区别对待。

（六）健康教育思想

学校体育应该是学生发展的保障，为我国学校体育改革和发展指明了方向。

在1951年8月公布的《关于改善各级学校学生健康状况的决定》中指出："增进学生健康，乃是保证学生完成学习任务，并培养出有强健体魄的现代青年的重大任务之一"，此时"健康"指的仅是机体没有疾病和不柔弱，是为了发展社会主义生产力和加强国防力量服务的。健康教育思想的提出及其内涵、实质的改变和发展，与社会环境的变化有密切的联系。由于社会竞争日趋激烈，20世纪90年代后提倡的健康教育思想则是以对健康科学、全面地认识和理解为理论基础的，知识在社会发展中的地位也日益突出，导致了学生脑力活动与体力运动之间出现了巨大的不平衡，使其身体得不到完全健康和全面发展。

直到1990年3月《学校体育工作条例》的颁布实施将"增进学生身心健康,增强学生体质"作为学校体育工作的基本任务写入条例的总则中。之后,1993年发布的《中国教育改革与发展纲要》和1999年6月13日颁布的中共中央国务院《关于深化教育改革全面推进素质教育的决定》提出了使体育健康教育思想的内涵从单纯的身体健康向身体、心理、道德和社会适应能力全面发展的多维健康观转变,学校教育要树立健康第一的指导思想,切实加强学校体育工作的理念,学校体育也因此详细、明确地确立了"健康第一"的总体思想发展方向,并深刻阐明了学校体育在素质教育中的重要地位和作用。此时的健康教育目的也不再仅仅为国家、社会的利益服务,而较多地注入了对受教育者个体的关心和个性的尊重,强调突出学生的个体本位价值取向,体育教学的内容也由过去单一的身体锻炼转变为向学生传授基本的运动知识、技术和技能、卫生保健知识等,并在教学过程中不断培养学生良好的意志品质及进行终身体育的意识和能力。

新时期"健康第一"从各个方面提倡科学文明的生活方式,对学生身心全面健康非常重视。"健康第一"教育思想较好地处理了体育教育工具性与人文性的关系,是人与社会协调发展的客观要求,使体育教育思想向着社会本位与个体本位相结合的道路科学、合理、全面地发展,是素质教育的基本要求以及现代学校体育教育的目的所在,是体育教育在未来社会可持续发展的基本保证和前提。

第三节 体育教育的发展趋势

伴随着我国体育教育发展历程的各种体育教育思想,我国的体育思想强调的是"育体",在自然主义体育思想基础上的体质教育思想、运动技术教育思想等学校体育思想都着重对机体锻炼效果的追求,相对于快乐体育思想的发展,体质教育思想不是特别注重个体的心理体验和育心方法等影响,快乐体育思想等则偏重个体的心理体验,突出的是育心体验。但由于它们各自处于特定的历史背景,从不同的层面和角度上看都可以被认为有一定的育人的功效和目标。由于没能将育人的二要素——"育体"和"育心"较好地结合起来,导致了我国体育教育不可避免地出现了不同程度的偏颇,使得体育教育在满足社会需要和个体需求方面表现出了明显的倾向性,在实践中容易造成一定的片面性,从而也就影响到了人才培养的质量和人们对体育教育本质属性正确、科学地认识和把握。

正确、合理、科学的体育教育思想和谐、平等地融合在一起,才能体现出体育教育的为社会发展服务的功能,给体育教育旺盛的生命力和可持续发展的能力和空间,也不会忽视体育教育对社会主体人的关心,还能建立起具有中国特色的现代体育教育思想。

一、知识经济的时代背景

1990年的联合国研究机构正式提出知识经济概念,到1996年经合组织(OECD)又对这一概念加以明确的界定,即建立在知识和信息的生产、存储、使用和消费之上的经济形态,是以知识为基础的经济。

知识经济的产生是科学技术发展的结果,在21世纪之初,虽然我国总体来讲在相当长的时期内仍然以工业化为经济发展的主要内容,但以知识和信息为标榜的知识经济潮流也已经袭来,并逐渐强大。

知识的产生、发展、传播、运用、创新等都是以人为载体的,这就决定了知识经济社会的本质是创造一个以人为本的能力社会。人的知识、智力和创新能力已经代替了土地、资本和劳动力而成为主要的生产要素,它以智力为主要资源,以高技术产业为支柱,而且还是所有财富的核心,知识是社会发展的基础。随着信息时代的发展,以人力资源为依托进行创新性体育发展,与我国的传统农业经济时代相比具有新型经济形态,与工业时代相比意味着我国必须具备知识型人才和创新型人才,从而使我国体育教育得到增长和发展。

知识型人才和创新型人才的蓬勃发展通过信息时代的传播,可以更快地表达出来,并得到迅速发展和及时更新。

知识经济时代的一切都以知识为基础,具有无限性、快捷性、敏感性、辐射性和替代性等特点。知识成为最基本的生产要素,所有的经济行为都依赖知识的存在。

创新是知识经济的核心,创新的速度、价值取向决定着知识经济最终的成败。在知识经济时代,经济效益的提高主要依赖知识的创新、技术的革新。社会的第一资本、第一资源和首要目的,归根到底,人及其知识、智能和能力是成为全社会运作的主体和核心力量,知识经济是一种人本主义经济。

学习化社会的形成是知识经济的重要特征和必然要求,也是知识经济成败的关键因素之一。

二、人文主义教育思想与科学主义教育思想相互渗透的发展趋势

(一)符合社会发展和知识经济时代对人的需要

体育教育受我国特殊的社会背景、经济状况、文化特征等因素的影响,在体育教育思想的演变过程中不难发现,其个体本位的价值取向被轻视,其社会本位的工具价值倾向则被强化,使体育教育长期处于缺乏人文关怀的尴尬境况。

未来我国必定是以人为本的知识能力型国家,突出体现我国的知识和能力为发展提供基础和核心力量。这一切的实现都必须立足我国以人为本的思想,并在科学主义教育思想的影响下,对我国的体育教育起到积极作用。体育教育思想的发展反映出我国在发展体育过程中,对基本运动技术、原理、体育竞技和卫生保健知识的掌握,反映出在体育教育过程中有效进行终身锻炼的意识、能力、习惯的培养,使得终身教育将成为教育发展的必然趋势和要求。

(二)体育学科和体育教育发展的迫切需要

科学主义教育思想具有对科学知识的崇尚特性,如果一味强调人文主义教育思想,体育教育可能走入自由、涣散的发展极端。为了避免这些现象的发生,应有效弥补因对学生个体的关注而出现的对运动基本知识、技术和技能及卫生健康等知识掌握的不足和不全面状况。

人文主义教育思想的提倡,可以有效克制科学主义教育思想将学生"物化"的现象。其在大力彰显其人文教育价值的同时,较好地淡化了科学主义教育思想的负面效应,并将其引向人性化的发展道路上。对于人文主义教育思想和科学主义教育思想两者在体育教育中的地位,实质上并没有、也不应该有主次之分,二者对体育教育的发展都起着举足轻重的作用,所以应该辩证地去认识和理解二者的作用和价值。二者相互结合有利于学生身心全面发展和增强学生体质,通过两者的相互结合可培养学生终身体育意识。

第二章 体育教学体系

第一节 体育教学的原则

一、体育教学原则的概念和含义

任何一门学科都拥有教学原则,这是保证教学过程规范化和教学方向科学化的基础。因此,体育教学原则在教学过程中发挥着关键作用。

(一)体育教学原则的概念

体育教学原则是实施体育教学最基本的要求,是保证体育教学过程不脱离体育教学目标的最基本因素。在进行教学内容和教学方法的选择时,体育教学方法也受到体育教学原则的约束,因此,它是保证体育教学方法和教学内容科学性和实用性的基础。

(二)体育教学原则的含义

体育教学原则是根据体育教学的特点及体育教学大纲的目标要求而编写的,有以下三个方面的含义。

1.体育教学原则是体育教学的规范

体育教学原则是体育教学的规范,是体育教学过程中各种教学行为改变的基本"底线",体育教学的相关方法和目标都是在体育教学原则的基础上不断优化和加强的。因此,体育教学原则是体育教学所有要求中最基本的内容。

2.体育教学原则保证体育教学的科学性

体育教学原则既来源于体育教学,又对体育教学起到约束作用。因此,体育教学原则要求保证体育教学过程不脱离教学实际,有利于教学目标的实现。

3.体育教学原则保证体育教学内容的合理性

体育教学原则是保证体育教学内容合理性的基础。因为在进行教学内容的选择时,对所选择的内容应该按照体育教学原则的要求进行筛选和检查,如果不符合体育教学原则的要求,那么就应该删除,如拳击类运动就违反了安全性的教学原则,因此不能作为教学内容。

(三)体育教学原则的形成

1.体育教学原则是体育教学实践经验的概括和总结

自从体育教学成为学校教育的组成部分之后,体育教学工作者们一直致力于探索"如何更好地完成体育教学的目标"和"如何提高体育教学的质量"。为了保证体育教学的规范性,体育教学工作者在长期的体育教学实践中,对前人的体育教学经验和教学成就进行了总结和分析,探究出体育教学的规律要求,在长期的积累和不断修订中,最终形成了体育教学的原则。

2.体育教学原则是体育客观规律的反映

体育教学原则是体育教学过程的客观反映。体育教学有着共同的规律,这些规律是客观存在的,不受任何环境和情况干扰,在所有的体育教学中,人们也都是依据这些客观规律进行体育教学实践的。

3.体育教学原则在不断发展和完善

体育教学原则与人们的认知水平有着本质联系,受人们的认知水平制约。随着人们对体育教学认知和实践的不断深入,以及社会的不断发展和进步,体育教学原则将会随着人们认知的提升而不断发展和完善。因此,我们要跟随时代的脚步,与时俱进地对体育教学原则进行研究。

二、体育教学特点与体育教学原则的关系

(一)一般教学原则与体育教学原则

每个学科都有一般教学原则和属于该学科的特有教学原则。所谓的一般教学原则,是指在一般教学条件下的各门学科都应该遵守的基本教学原则,是各科教学原则的指导。对体育教学而言,体育教学原则是在一般教学原则的基础上制定的,但是由于体育教学与其他学科的教学存在明显的差异,如实践性、开放性、互动性等,因此一般教学原则不能代替体育教学原则,体育教学原则包含一般教学原则。

目前,世界上关于体育教学的一般教学原则的研究和结论各不相同,但是从关于一般教学原则的论述中可以看出,一般教学原则无外乎以下五点。

1. 教学的整体性和系统性原则

这是对教学过程的连贯性的要求,也是教学的基础。

2. 理论联系实际原则

任何一门学科的教学都是为了社会的发展而存在的。

3. 促进师生共同发展原则

在教学这一大环境中,师生是教学的主体,也是教学的重要组成部分。

4. 反馈调节原则

反馈是教学中的重要环节,只有不断反馈和调节才能保证教学过程的不断优化。

5. 不断优化原则

教学的最终目的就是不断提高教学的质量。

(二)体育教学特点

任何一种形式的教学,都离不开"教"和"学"两个方面的概念,都是在教师的指导下进行的一种有计划、有目的、有组织的教学活动。但是由于每种教学的内容和要求有所不同,所以每一种教学活动都有其自身的特点。与其他学科的教学活动相比较而言,体育教学活动主要有以下四个方面的教学特点。

1.教学活动主要是靠身体的运动进行

由于体育教学强调的是教学活动的实践性,因此体育教学中的技能主要是通过大量身体活动实现的。可见,注重身体的运动是体育教学活动的主要特点。

2.体育教学具有锻炼学生身体的目的性

体育教学的目的就是提高学生的身体素质,以及让学生掌握一些体能知识和技能,这是与其他学科教学目的最大的区别,也是体育教学的功能之一,能够通过一些有规律的活动和体育锻炼来提升学生的身体素质。

3.教学经常在相对自由的集体活动中展开

体育教学是围绕运动技能的传授展开的,而运动技能又是在相对开阔的空间和专用的体育环境中展开的。有的运动项目和活动是以小组的形式进行,这就增加了体育活动的自由性。这种自由性不仅表现为小组之间的组合相对较为自由,还表现为学生在活动中的行动也比较自由。

4.教学组织更加复杂

体育教学注重学生的实践性,而且教学场地一般脱离教室,在体育场馆或是其他室外条件下进行,教学环境较为开放,并且对教学场地的要求较高,有很多因素难以控制,使教学的组织更加复杂。

对于体育教学工作者而言,只有对体育教学的特点具有很深的认识,才能制定出合理的体育教学原则。体育教学工作者要能够准确把握体育教学的规律,联系教学实际,从而制定出科学的、符合教学实际的体育教学原则。

三、体育教学原则的作用

（一）使体育教学要求更加明确

体育教学原则是体育教学工作的基本要求和教学规律的具体体现。通过体育教学原则制定的教学要求更具有科学性、准确性和生动性，而且有利于学生接受，因此体育教学原则更加明确了体育教学的要求。在体育教学开展的过程中，相关教育单位或者体育教学小组可以针对体育教学原则的内容，对体育教师提出具体的要求。从某种程度上说，体育教学原则是对体育教师提出的最基本的要求，是教学过程中必须遵守的。

（二）梳理教师进行教学的思路

体育教学是一个复杂的教学过程，涉及的内容有很多，如根据教学目标进行教学内容的选择和安排，对教学方法的选择和运用，对学生兴趣的培养和管理，对教学条件的准备和优化，对课堂的设定和计划，对学生的研究和方案的制订等，这些因素会为教学增加难度。但是如果教师按照体育教学原则进行，那么教学工作就是正确的、科学的，教学质量就能得到基本保障。所以，教学原则帮助教师梳理了教学思路，保证了教学的科学性。

（三）作为观察体育教学的视角

由于体育教学原则反映的是体育教学的基本要求，所以在教学的过程中只有遵循体育教学原则才能满足体育教学要求，才会呈现出合理的外部特征和表现；反之，如果不遵循体育教学原则，就不能保证教学目标的顺利实现和教学过程的科学性。所以，在教学过程中，应以体育教学原则为视角观察教学的外部特征和教学表现，从而判断体育教学实施过程的合理性。

（四）作为评价体育教学效果的标准

任何一种对教学的评价都有可能出现主观依附性，对教学效果产生干扰,影响体育教学评价的科学性。但是如果以体育教学原则为参考进行评价,不仅能统一体育教学评价的标准,还保证了体育教学评价的科学性。

四、体育教学原则的因素与要求

（一）学科体系因素与要求

虽然体育教学与其他学科相比有着非常明显的区别,但是每一个学科的教学都应该遵守学科的一般要求,这是教学实施的前提和基本要求。如果在教学的过程中不遵守学科体系因素与要求,那么教学就会失去科学性和合理性,朝着错误的方向进行。同时可能造成教学步骤混乱、教学失去重点、难以达成目标等状况。有序性原则、结构性原则、科学性和思想性相统一的原则,都是在学科体系因素与要求的基础上确立起来的。

（二）学生发展因素与要求

学生是学科教学活动中的重要组成部分,是教育活动的承受者和教学效果的表现者,也是教学过程合理性的体现者。由于学生的生长环境和心智发育存在差别,因此在教学过程中应该对学生进行研究和分析,把握每一个学生的特点,以便针对性教学的实施,保证教学的质量。如实施启发创造性原则、因材施教原则、启发诱导原则、动机原则、积极主动性原则等。

（三）教学法理因素与要求

教学法理因素与要求是根据学生在教学中的接受能力和教学内容的特点,以及学生的心理发展特点和教学方法特点制定的,坚持这样的教学原则能够保证学生学习的合理性和科学性,有利于学生对学科知识的接受和掌握,促进教学质量的提高。如坚持的原则有理论联系实际原则、直观性原则、巩固性原则、循序渐进原则、系统性原则、反馈原则等。

（四）教学工作因素与要求

教学工作是教学的中心环节,也是教学中最重要的环节。教学工作是教学实施的过程,教学工作中涉及教学形式、教学方法、教学条件和教学过程等因素,其中每一个因素都有其基本的要求,只有在教学过程中认识到这几个因素的重要作用,才能保证教学的准确性和合理性。如在教学工作中实施教学整体性原则、教学形式最优化原则、教学方法优化原则、教学条件优化原则、教学过程优化原则等。

在进行体育教学时,必须建立一个内容完整、词义准确、指导性强、便于记忆的教学原则体系,这样才能发挥教学原则对教学活动各个环节的指导作用,促进体育教学达到最优化。

五、当前我国基本的体育教学原则

(一)合理安排身体活动量的原则

合理安排身体活动量是保证体育教学科学性的前提和基础,是素质教育对体育教学的基本要求。如果体育教学的运动量较小,就无法满足学生的身体发展需求;如果运动量过大,就会对学生的身体造成损害。

1. 合理安排身体活动量原则的含义和依据

合理安排身体活动量的原则,是指在教学的过程中必须体现体育教学的本质特点,而且要根据学生的身体状况和运动的特点,保证学生接受的活动量在其肌体承受能力之内,同时能满足学生掌握体育知识和技能的需要,以及身体发展的需要。

合理安排身体活动量的教学原则是依据体育教学的特点,以及学生在身体锻炼过程中所承受的运动负荷的规律而提出的。

科学的身体运动是学生锻炼身体和掌握基本运动技能的过程,也是保证体育教学目标实现的过程,因此在体育教学过程中要保证学生肌体所承受的运动量的合理性。

2. 贯彻合理安排身体活动量的基本要求

(1)服从体育教学的目标

在教学的过程中,教师合理安排体育教学的活动量,实际上就是为了保证教学活动的科学性。因为合理的运动量的安排能最大限度发挥体育教学的优势,促进教学目标的实现。如果某位教师在对学生进行身体训练的时候,运动量超过了学生的身体承受能力,则会对学生的身体造成伤害,无法保证"促进学生身心健康"这一教学目标的实现。

(2)符合学生的身体发展状况和身体发展需要

身体运动量的科学性能促进学生身体素质的提高,降低现代生活中一些不利因素对学生造成身体方面的影响。教师要科学地安排学生的活动量,对学生的身体发展状况进行研究,清楚学生身体发展的需要,这样才能保证活动量的合理性。

(3)通过科学的教程、教材和教法的设计合理安排身体活动量

体育教学运动具有复杂性的特点,运动项目多种多样,有的运动量大,有的运动量小,呈现出不平衡的趋势。因此在教学设计的过程中要考虑到学生的运动量问题,以此进行教程、教材和教法的设计。

教学的过程是实现体育教学目标的过程,由于教学的各个阶段的教学任务和教学内容不同,因此在教学过程中还要根据不同阶段的教学内容及教学内容的特点合理安排运动量。

教法是教学的呈现,也是调节运动量的根本手段,因此在教学的过程中,要根据体育教学活动的情况随时调整运动量和运动强度,以保证运动量的合理性。

(4)因人而异地考虑运动量

学生是教学活动的主体,因此要保证教学过程中运动量控制的合理性,应该以学生为重点,根据学生的身体特点安排运动量,调节运动量的大小。在达到体育教学对学生整体要求的水平的基础上,根据学生的身体强弱进行运动量的控制。

(5)逐步提高学生控制运动量的能力

在体育教学过程中,除了要促进学生运动技能的提高,促进学生对相关运动的知识和要求的掌握外,还要教导学生一些判断运动量和调整运动量的方法和技巧,帮助他们合理控制运动量,逐步学会锻炼身体。

(二)注重体验运动乐趣的原则

1.注重体验运动乐趣原则的含义

注重体验运动乐趣的原则是指在体育教学过程中,传授学生体育相关知识和技能的同时,让学生感受到体育学习的乐趣,使学生喜爱体育运动,并积极参加体育教学活动。

注重体验运动的乐趣,是根据体育教学的特点和学生在体育运动中情感的变化提出来的,体验运动乐趣是人参与体育运动和体育比赛的重要目的。随着科学技术的不断更新,人们生活的节奏也日益加快,这些快节奏的生活方式给人们的健康带来了不利的影响,人们急需通过体育锻炼维持自己的身心健康,所以体育运动逐渐成为人们生活的一部分。让学生体验体育运动的乐趣,也是促进体育教学质量提高的手段,因为体育教学侧重的是学生的学习活动,学生只有在体验到体育运动乐趣的时候,才会增加对体育运动的兴趣。有了兴趣,他们学习的主动性和积极性才能被充分调动,体育教师才能不断提高体育教学的质量。

2.贯彻注重体验运动乐趣原则的基本要求

在体育教学的过程中,贯彻注重体验运动乐趣原则的基本要求有以下五点。

(1)正确理解和对待体育运动中的乐趣

每项体育运动项目都有其固有的运动乐趣,这些乐趣源于这些体育运动项目的特征。体育教师要想充分地挖掘和利用体育运动中的乐趣,促进教学目标的实现,就应该正确地理解和对待它们,既不能无视它们的存在,也不能盲目地挖掘,要从体育教学目标、运动的特点、学生的情感倾向等方面深刻理解体育教学运动中的乐趣。

(2)注重从学生的立场理解教材

教师和学生是体育教学中的两大主体,是教学活动的重要组成部分。教师是教学活动的教授者,学生是教学活动的接受者,两者的立场不同,因此理解教材的角度也就有所不同。教师往往从教学过程和教学目的两个方面理解教材,而学生往往从乐趣和挑战两个方面理解教材。再加上学生是教学活动的参与者,是教学方法的受用者,也是教学目标的体现者,因此,应该注重从学生的立场理解体育运动中的乐趣。

(3)让每一个学生都能不断获得成功的体验

体育与其他学科的根本教学目标一致,就是提高学生的知识和技能,使学生不断成长。而与其他学科教学不同的是,体育教学是一个与学生的身体条件密切相关的教学活动。每一个学生受到遗传因素的影响,在身高、体重和运动技能等方面有所区别,如果开展集体的训练活动,那么一些身体条件较弱的学生很容易在学习的过程中体验到差距。所以,为了保证学生在学习过程中的平等性,就必须通过各种教学的加工和教学方法的优化,让学生不断体验成功的乐趣,增强学生的自信。

(4)处理好运动乐趣与运动技能之间的关系

体育教学要让学生在运动的过程中体验到成功的乐趣,而体育教学的目标是提升学生的运动技能,因此在教学的过程中要保证两者之间的统一。体育教学中有些内容具有趣味性,有的偏重运动技能性。只有技能性和趣味性两者相统一,才能促进教学目标的实现。因此,在教学的过程中,要将趣味性和技能性较强的活动作为教学的重点,同时要挖掘技能性偏重活动中潜藏的趣味性,提升教学质量。

(5)研发多种有利于学生体验乐趣的教学方法

在教学的过程中,教师除了要重视体育知识的传授之外,还要善于采用多样化的教学方法帮助学生体验运动的乐趣。如在教学的过程中,可以通过运动项目的特点,灵活使用游戏法、比赛法、领会教学法等,让学生能够充分地、平等地体验到体育的乐趣,培养学生对体育学习的兴趣。

(三)促进运动技能不断提高的原则

体育教学的目的是促进学生运动技能的提高,因此在教学的过程中要注重促进学生运动技能不断提高的教学原则,保证教学目的的实现,提高教学质量。

1.促进运动技能不断提高原则的含义

促进运动技能不断提高的原则,是指在教学的过程中教师要通过各种教学方法的运用,不断提高学生的运动技能,提高学生的运动成绩,从而提升体育教学质量。

促进体育教学运动技能不断提高的原则是由体育教学的目标、社会的需求和肌体发展的需求三个因素决定的,它也是实现体育教学终身化的基本前提和条件。

掌握体育教学的运动技能,是通过体育教学提升学生的运动能力、发展学生的运动素质、提升学生运动技能的有效途径,也是让学生体验运动的乐趣、提升体育教学质量的前提,更是判断体育教学目标是否完成、检测教师教学能力高低的标准。

2.贯彻促进运动技能不断提高原则的基本要求

促进学生运动技能的不断提高,是体育教学目标的重要组成部分,也是体育教学的意义所在。在制定这一教学原则的时候,应该做到以下四点。

(1)正确认识运动技能在体育学习中的重要意义

掌握运动技能可以锻炼学生的身体,提升学生的运动素质,促进教学质量的提高。因此,教师在教学的过程中,要注重提高学生的运动技能。

(2)明确运动技能学习的目的,有层次地掌握运动技能

体育教学要求学生掌握运动技能,就是为了丰富学生的学习生活,增强学生的身体素质,保证学生的健康成长。因此,在教学的过程中,开展以"运动技能的提高"为目的的教学时,要坚持"健康第一"和"终身体育"的理念,将体育教学目标根据教学任务进行分阶段的划分,有层次并分门别类地让学生掌握体育教学大纲所要求的运动技能。

(3)要钻研"学理"和"教学",提高教学质量

要想提高教学质量,应该先做到"知己知彼"。因此,要让学生很好地掌握体育运动技能,就必须详细掌握运动技能的规律,特别是教学环境中

的各种运动技能的特点和发展的规律。因为体育教学是一门较为复杂的学科,并且教学的时间相对有限,为了保证体育教学的效率,必须研究体育教学技能提高的途径和规律。

(4)要创造提高运动技能的环境和条件

任何一种技能的学习都会受到环境和条件的影响,只有在环境和条件相适宜的情况下,才能最大限度地发挥教学的作用。影响这种环境和条件的因素,不仅包括教师自身的运动技能和水平、教学场地和器材的优化,还包括体育教师对学生学习氛围的营造。

(四)提高运动认知、传承运动文化原则

提高运动认知原则能够促进学生体育相关知识和技能的形成,传承运动文化原则能够增强学生的责任感,从而激发学生对体育教学的兴趣,促进学生对体育技能的掌握。

1. 提高运动认知、传承运动文化原则的含义

提高运动认知、传承运动文化,就是在进行体育教学时,通过对学生的体育知识和技能的培养,增加学生对体育运动的认识,加深学生对体育运动文化的理解,便于学生对体育文化的接受和传承。

体育运动是通过各种运动体验形成的一种特殊的运动方式,而且就目前运动在人们生活中的价值和社会发展的趋势可以看出,人们对运动的认知能力的提高,不仅有利于身心健康,还有利于运动文化的传承和发展。

每一门学科都有其重要的作用,体育教学的作用之一就是提高学生的运动认知能力,促进学生身心健康全面发展。因此,在开展体育教学的过程中,要坚持提高运动认知、传承运动文化的原则。

2. 贯彻提高运动认知、传承运动文化原则的基本要求

(1)重视体育教学中的认知因素

重视体育教学中的认知因素,就是要在教学过程中,注重学生对运动技能的掌握和对体育运动文化的理解。加强学生对运动技能的认知有利于他们在今后的终身体育学习中对运动技能的运用,有利于将体育运动

很好地融入生活之中。

(2)注重培养运动表象和再造想象

运动表象和再造想象是学生掌握技能的基础,学生头脑中关于运动表象和再造想象的知识储备越多,对运动技能的接受和掌握就会越迅速和高效。因此,教师在体育技能教学的过程中,要不断向学生演示运动的具体动作,并督促学生模仿练习,使动作得以巩固和熟练。

(3)注意开发有助于学生认知的教学方法和手段

方法和手段是实现教学目标的基础。体育教学是一种较为宽泛的教学,在体育教学过程中,想要提升学生的运动认知和技能,就必须采取正确的教学方法和手段。在教学方法的选择上,要注重创新方法和层层深入方法的开发;在教学手段层面,要重视对娱乐性较强的教学手段的开发,从而帮助学生提高运动知识和技能。

(五)在集体活动中进行集体教育原则

1.在集体活动中进行集体教育原则的含义

在集体活动中进行集体教育原则,是指在学生进行集体性的学习活动时,要注重对集体荣誉感和团结性等集体活动特性的培养,增强集体的凝聚力,使学生形成正确的集体意识,养成良好的集体行为习惯。

在集体活动中进行集体教育原则依赖于组成集体的特点、集体活动的规律、集体运动的发展等。

体育教学活动主要以协同、竞争、表现为特点,这些特点主要是在集体活动形式中得到体现。再加上体育教学侧重室外教学,受到场地、教学活动范围和教学方式的影响,体育室外教学的开展一般以小组为单位,这使得体育教学具有集体性,因此在教学过程中要注重对学生进行集体教育的原则。

2.贯彻在集体活动中进行集体教育原则的基本要求

(1)分析、研究和挖掘体育教学中的集体要素

从体育教学的特点可以看出,体育教学中有很多集体性的要素,因此在进行体育教学的过程中,要注重分析、挖掘具有集体含义的要素,如团

队的意识、共同的目标、互帮互助的活动形式等。教师在进行集体教学的过程中，将这些要素有目的、有意识地融入学生的集体活动和体育学习之中，以便促进学生团结意识和集体荣誉感的培养。

(2)善于设立集体运动的场景

在体育教学过程中衡量教学活动是否具有集体性的依据是：检测集体是否具有共同目标、是否具有共同的学习平台，因为共同的目标和学习平台是集体运动的重要组成部分。

共同的学习目标是每个学生学习的动机和欲望，共同的学习平台是学习的场所和环境，能够体现集体的存在感。这两个要素能够让学生更好地凝聚在一起，互帮互助完成共同的目标。因此，教师想要贯彻教学中的集体教育原则，就应该善于设立集体运动的场景，如打篮球、进行拔河比赛等。

(3)善于开发有助于集体学习的方法

要合理贯彻集体活动中进行集体教育原则的手段，就必须建立有助于集体学习的方法，这是促进教学目标实现的重要方法。如组织学生进行课堂讨论、分组进行某种运动技能的比赛等，这些教学方法将为在体育教学中贯彻集体教育原则提供技术上的保证。

(六)安全运动与安全教育的原则

安全运动与安全教育的原则是体育教学的根本要求，因为开展体育教学的目的是提高学生的身心健康水平，如果脱离了安全这一宗旨，任何一种教学活动都不能称为科学有效的教学方式。

1. 安全运动与安全教育原则的含义

安全运动与安全教育原则是指在教学的过程中保证安全教育的同时，对学生进行安全意识的培养和教育。

安全运动与安全教育的原则是依据"体育运动的特点"和"加强学生体育教学的目的"两方面确定的。众所周知，体育运动是以剧烈的身体活动、野外活动、集体活动、器械运动等一系列身体上的运动组成的，因此，体育运动是一种危险系数较高的活动。初学者或是体质较弱的学生在学习某类活动的时候风险较高,但是这种风险是相对的,是可以避免的。因此在体育教学之前要进行严格的设计,以保证教学的安全性。

2.贯彻安全运动与安全教育原则的基本要求

在体育教学中贯彻安全运动与安全教育原则的要求如下。

(1)教师必须周到地预想所有存在安全隐患的因素

从长期的教学经验可以看出,体育教学中有很多存在安全隐患的因素都是可以预测的,如因学生的身体差异产生的因素、器械的损害产生的因素、场地不合理产生的因素、天气产生的因素等。在进行教学之前,教师只有根据这些因素进行合理的规划,才能保证教学的安全。

(2)时刻对学生进行安全运动教育

要在教学过程中贯彻安全运动与安全教育,就需要对广大的学生普及安全教育知识,让学生在学习的过程中时刻坚持"安全第一"的原则,这样才能将安全意识落到实处。

(3)建立运动中的安全制度和安全设备的管理

制度是约束学生行为的一种较有权威性的指标,建立运动中的安全制度能够让学生在教学的过程中自觉遵守安全行为规定,限制危险运动或行为。设备是体育教学中不可缺少的条件之一,也是危险的存在载体之一,因此要在教学的过程中重视对设备安全的管理。

第二节 体育教学的内容

一、体育教学内容的基础认知

(一)体育教学内容的概念

体育教学内容是依据国家的教育方针和社会对体育教学的需求选择的,根据对学生身体条件和学校教学条件的深入分析和研究,在体育教学环境下传授给学生的一种体育锻炼活动。

体育教学内容是根据体育教学的目标进行选择的,也是根据学生在成长过程中的发展需要及体育教学过程中必备的教学条件最终整理而成的,并且是根据社会需求的发展而不断变化的。

体育教学内容主要是针对教学对象的大肌肉群的运动进行的,其具有很强的实践性,主要包括身体的锻炼、运动型教学的比赛、运动技能的获取等。

语文、数学、英语等学科知识的传授可以在教室内完成,学生可以通过对书本的反复研读,最终获得一定的知识和技能。但对于体育教学而言,几乎其所有的运动技能的传授,必须在室外体育教学活动中才能完成。

(二)体育教学内容与体育运动内容的区别

众所周知,体育教学内容是体育教学正常进行的有力保障,但是其与体育运动内容之间也有着非常细微的差别。作为一名体育教育者或是研究者,清楚地掌握它们之间的差别,有助于不断深入地了解体育教学内容。经过深入的分析和研究,对体育教学内容和体育运动内容之间的区别介绍如下。

1. 服务的目的不同

体育教学内容是以教育为主的,其服务的目的是促进学生身心健康的发展,其内容偏于理论性,对教学活动具有指导意义。体育运动内容是以提高竞技运动水平、夺取胜利为主的,其服务的目的较偏重教学内容的娱乐性和竞技性,对教学活动而言具有很强的实践性。

2. 内容的改造要求不同

随着时代的不断进步,体育教学内容需要根据时代的变化和社会的需求不断改变,以保证体育教学内容能够满足社会培养人才的需要。因此需要对体育教学内容进行必要的改造、组织和加工,而体育运动内容则不必进行这种改造。

(三)体育教学内容的发展

体育教学内容和其他教学内容一样,也是随着社会和教育事业的不断发展而发展的。但是,与其他教学内容相比,体育教学内容的形成和完善还处于发展阶段。体育教学内容的发展主要来源于以下四个方面。

1. 体操和兵式体操

近代体育的主要形式是兵式体操,由国家的专门机构指导参加训练的士兵进行,如步法、枪操、队列、军礼等战术动作的操练。后来,随着兵式体操训练的不断改进和制度的不断优化,体操最终成为今天体育教学中的内容之一。

2. 竞技类体育运动

我国早期出现的竞技类体育运动有骑技比赛、蹴鞠等,后来随着人们对这类竞技体育运动的兴趣不断增加,这类体育运动的发展日趋完善,最终成为一种正规的体育运动。工业革命以后,随着人们生活水平的不断提高,英美的体育游戏迅速发展成为一种近代的体育运动,如足球、篮球、棒球等。而后,随着不断的殖民扩张,这些体育运动最终传到世界各地并流行起来,迅速在各国的学校教育中开展。再加上这些体育运动具有很高的娱乐性,因此深受广大青少年的喜爱,最终演变成体育教学活动中的重要内容。

3. 武术

在古代的学校教育中,体育教学多是以武术教育的形式体现的,体育教学内容也大都是一些具有军事针对性的武术内容,这种运动不仅可以强身健体,而且能防身,因此迅速成为当下流行的一种体育教学内容,在社会上展现出独特的魅力,这也构成了武术的基础。再加上这些运动在对人的精神和意志方面的培养有其他理论知识和教育学科所达不到的作用,因此这种类型的体育活动深受人们的关注和喜爱。鉴于这种原因,由各种武术原型构成的运动项目成为体育教学中的一种正式的教学项目,受到很多国家的关注。

4. 舞蹈与韵律体操

舞蹈是人类最古老的艺术形式之一,是从古至今人们最喜爱的一种活动。在社会发展的历程中,舞蹈的影子随处可见,研究各国文化发展的历史可以发现,舞蹈是世界上很多民族文化的重要组成部分,在民族文化的形成、民族之间的交流中占据着举足轻重的地位。除了舞蹈之外,韵律体操也因为很多体育爱好者追求美感和锻炼效果,逐渐登上体育锻炼的舞台。在韵律体操的基础上又出现了艺术体操、健美操等,而传统舞蹈经过不断的改进和提升,形成了多样的民族舞蹈、体育舞蹈等。舞蹈和韵律体操能够陶冶身心,并且在培养肌体的美感和节奏感等方面也具有非常重要的作用。因此,舞蹈和韵律体操逐渐成为体育教学内容的重要组成部分。

研究表明,以上几类体育教学中涉及的内容在体育教学中占有的比例不同,并且每个国家在进行体育教学的过程中对其重视的程度也有所不同。

(四)体育教学内容的特点

1.体育教学内容的功能具有多样性

体育教学内容起源不同,又受到所处文化形态的影响,这就决定了体育教学内容具有不同的功能,人们对体育教学内容的判断也必然受到其传统起源的影响。在进行体育教学时,要遵循因材施教的原则,这样才能保证体育教学的顺利进行。

2.体育教学内容的更新速度较快

体育教学本身对实践性要求较高,体育教学中涉及的因素也非常多,因此体育教学工作者在进行体育教学时的工作难度较大。要想与时俱进地开展体育教学,就要根据社会的需求不断地更新教学内容。

3.每一种体育教学内容被赋予的教学任务不同

体育教学内容具有很强的时代性,不同时代的人对于体育教学的要求不同,因此每一种教学内容所承担的教学目标和任务也就不同。如在体育教学中开展各种体育锻炼是为了提升学生的身体素质,进行比赛是为了培养学生的团队精神、合作意识等综合素质。因此在进行体育教学或是选择教学内容时,应该仔细地分析教学目标,以便对教学内容进行梳理和选择。

(五)体育教学内容与教育内容的共性

体育教学内容是教育内容的一个组成部分,它与教育内容具有一些共性。这些共性主要表现在以下三个方面。

1. 教育性

体育教学内容是对受教育者进行身体健康教育和心理陶冶教育的参考,当体育教学研究者和教学内容组织者将众多的运动项目选为体育教学内容的时候,他们首先想到的就是这些运动项目本身具有的教育性。体育教学内容的教育性主要体现在以下三个方面。

(1)有利于学生身心健康

体育教学是通过指导学生身体的运动和一些竞技性的小组活动,以促进学生的身心健康发展而进行的一种教学。体育运动本身就是一种肌肉群的活动,它能够通过身体的锻炼来增强学生的体质,通过各种小组教学活动和竞技类活动的开展来培养学生的综合素质。

(2)对学生成长具有积极的影响

体育教学内容主要是一些具有深刻影响意义的内容,能矫正学生的心态,培养学生坚强的意志,影响学生价值观的形成,对学生的成长具有积极的影响。

(3)内容的设计具有普遍性

体育教学内容面对的是教学活动中的全体学生,因此所选择的教学内容具有普遍性。所谓普遍性就是指教学内容要保证适应大多数人群,这样才能达到教学的统一,有利于教学的开展和进行。

2. 科学性

由于体育教学本身就是一种以学校教育为主要形式进行的有计划、有组织、有目的的教育活动,以教育和培养青少年的健康发展为主要目的,因此体育教学内容也应该与学校教育范畴中的其他教学内容一样,保证其具有很强的科学性。

(1)教学内容符合学生的需求

在对体育教学内容进行筛选的时候,为了保证体育教学内容能够更好地为学生服务,体育教学研究者要对教学内容进行反复的筛选,使其能够符合学生的身体发展需求和社会需求,同时体育教学内容具有很强的指导性,能够为教学过程提供参考和依据。

(2)遵循体育教学的规律和原则

任何一门学科的教学都要遵循其特定的规律和原则,这是保证教学目标顺利实现的基本条件之一。体育教学牵涉的内容较多且较为复杂,为了保证教学过程能够按照目标的方向进行,在选择教学内容时应该遵循体育教学中特定的科学规律和原则,保证体育教学的科学性。

3.系统性

体育教学是一门繁杂的学科,不仅所涉及的内容较为繁杂、范围较为宽泛,而且对教学目标的要求也较高。因此,在进行教学内容的梳理时,应该根据知识之间的系统性进行组织和安排。

(1)教学内容本身的系统性

通过以上对体育教学内容的介绍可知,体育教学内容具有很大的复杂性,但是每一个知识内容之间又表现出一定的联系性和逻辑性。

(2)体育教学目标的系统性

在体育教学的过程中,需要根据体育教学的特点、学生的成长特点和教学环境等,深刻地认识体育教学过程和教学内容。必须根据学生的成长过程系统地、有逻辑地安排各个学校、各个年级的体育教学内容,并处理好它们之间的相互关系,将体育教学贯穿教学的始终,这就是体育教学目标的系统性。

二、体育教学内容的目标与要求

(一)传统性体育教学内容的目标和要求

传统性体育教学内容主要是指运用传统的教育方法,对学生进行体育运动技能培训的一种形式,是体育教学内容中一直存在的锻炼项目。虽然体育教学内容随着时代的不断更迭而持续变化,但是传统性体育教学内容因其积极的教育作用仍然在教育界中占据着很重要的地位。

1.体育保健

体育保健教学内容的目标是通过体育保健基本知识和原理的传授,首先让学生深刻地认识到体育教学在人的成长过程中的重要作用,学习体育运动对国家、社会的重要作用,从而激发学生对体育锻炼的使命感,使他们自觉地参加体育锻炼。除此之外,通过体育保健基本知识和原理的学习,学生能够了解一些体育学习的必要知识,形成对体育教学的正确认识。

体育保健教学内容的要求:体育保健教学内容的编写应该结合当前社会的现状、学生的实际需求等方面进行,并且精选一些对学生的实际生活和成长有重要影响作用的体育运动项目,保证内容的真实性和目的性。同时在对这类内容进行教学的过程中,要结合实际操作进行演示,有利于学生掌握和接受。

2.田径运动

田径运动是常见的运动项目,其主要包括跑步、跳高、跳远、投掷等内容。田径运动教学内容的目标是使学生能够了解田径运动的一般规律和基本知识,清楚地认识到田径运动对他们成长过程中身体素质培养的重要意义,掌握一些田径运动相关的基本原理和方法,以及一些基本的田径运动技能,通过生活中的不断练习,达到增强学生体质的目的。

田径运动教学内容的要求:在设计田径运动教学内容的时候,不应该单单从竞技类运动的角度划分、分析田径运动的教学内容和作用,而应该从文化、运动特点、技能作用等多方面进行教学内容的设计和组织。这样才能让学生更科学地掌握田径运动的基本知识,并且将获得的田径运动知识和技能正确地应用到健身实践中。由于田径运动会使肌体产生一定的负荷,负荷强度太高会对肌体造成一定的损害,强度太低又达不到运动的效果，所以在教学过程中，应该根据学生的身体特点灵活进行教学。

3. 体操运动

体操运动是体育教学中的重要组成部分，由于其对人体的平衡和形体的训练有着非常积极的作用，而颇受广大青少年的喜爱。体操运动教学内容的目标：第一，在教师的指导下，让学生充分了解体操运动文化，了解体操运动对人体健康的作用；第二，让学生掌握一些基本的体操运动技能和方法，使学生能够在日常生活中使用体操来锻炼身体；第三，让学生能够安全地从事体操运动，并且掌握一些体操比赛的基本常识和技巧。

体操运动教学内容的要求：体操不仅能锻炼人体的平衡性、协调性和灵活性，而且能对学生进行心理方面的积极引导和教育。因此，要从竞技、心理和生理等多视角来对体操教学内容进行分析。在教学内容的编排上，要保证一定的层次性，不能总是停留在低水平的层次上。在教学过程中，要根据学生的身体特点开展合理的训练，如有些平衡能力较差的学生，应该对其进行更多有关平衡能力的训练，做到因材施教，这样才能保证教学质量的提高。

4. 球类运动

球类运动是一种常见运动，主要包括足球、篮球、乒乓球等运动。由于球类运动是一项充满活力和竞技趣味的运动，因此很受当今青少年的喜爱。球类运动教学内容的目标：第一，让学生充分了解球类运动的基本概念和球类运动中的一些比赛规则；第二，使学生能够掌握一些球类运动的技能和技巧，以及参加球类运动比赛的基本技能和常识性知识。

球类运动教学内容的要求：球类运动虽然是一项群众性的运动，但其技巧和方法较为复杂，因此在筛选教学内容的时候不能只对球类的单个技能进行教学，而忽视其与比赛之间的联系，否则就会失去球类运动的基本特性，同时要注意教学内容选择的顺序性与实战性之间的联系。在教学过程中，要注重对技能的训练和对学生团队合作精神的培养。

5.民族传统体育

民族传统体育反映了一个民族发展的历史,代表着这个民族的精神和文化。通过对民族传统体育的了解和研究,将其教学内容的目标确定如下:第一,借助这些民族传统体育的讲授,让学生对民族文化有更深的了解;第二,使学生学到一些民族传统体育的技能,既可以防身,又可以继承和弘扬民族文化,如中国武术。

民族传统体育教学内容的要求:在编排内容时,不仅要结合学生的特点及现代人的生活方式,而且要强调内容的文化性和实用性,特别是对民族传统体育文化背景和意义的介绍和揣摩。在教学过程中,要注意对学生兴趣的培养。

(二)新兴体育教学内容的目标和要求

随着社会的不断发展,人们生活水平日益提升,科技不断进步,促进了各国政治、经济、文化的迅速发展。在这种社会背景下,新的体育运动项目也逐渐兴起。研究新兴的体育教学内容有助于优化体育教学的结构。通过对体育教学内容的不断研究和分析,将新兴体育教学内容总结如下。

1.乡土体育

近年来,随着教育改革的不断深入,创新教育内容以及不断地对课程资源进行开发引起了广大体育教学研究者的重视,一些具有积极锻炼意义、散发着浓烈的乡土气息的运动项目重新登上体育教育的舞台。这类乡土体育运动的教学目标是让学生对民间体育和民俗风情有更深的了解,使学生掌握一些具有地区特色的民俗体育知识和技能,促进当地传统文化的继承和传播。

乡土体育教学内容的要求:由于这类体育项目来自民间,具有民俗文化的传播作用,因此要注重其内容的文化性、安全性、锻炼性和规范性,同时剔除一些消极因素。

2.体适能与身体锻炼

随着社会对学生的身心健康全面发展要求的不断提高,一些针对性较强的体育锻炼作为培养学生身体健康的运动被正式带进课堂。这些内容与教师对此运动的实践技能的传授相结合,共同发挥着提高学生的身体素质和运动素质的作用。体适能与身体锻炼教学内容的目标是通过这一部分教学内容有效锻炼学生的身体,让学生掌握更多实践锻炼和运动的原则及方法,帮助他们更好地提升运动技能。

体适能与身体锻炼教学内容的要求:由于这是对学生体适能的锻炼,因此要结合学生身体素质的状况,遵循体育锻炼时的基本规律,要注意锻炼的针对性、科学性和时效性,同时锻炼内容应该符合国家规定的关于学生体质健康的实行标准。

3. 新兴体育运动

由于新兴体育运动教学的内容具有时代性,因此教师在教学时要注意对体育教学目标的掌握。现经过分析和研究,将新兴体育教学内容的教育目标总结如下:使学生掌握一些比较流行的体育运动文化,提高学生对新兴体育运动教学内容的兴趣,同时提高体育教学在终身教育方面的实用性,从而提高体育教学的质量。

新兴体育运动教学内容的要求:由于是一种新兴的体育教学内容,所以在选用这种教学内容时,首先要保证其符合教学条件的基本要求,其次要注意体育教学内容的文化性、教育性、安全性和实践性,同时注意对教育内容的筛选,杜绝不利于学生成长的体育内容。

4. 巩固和应用类课程的基本教学内容

巩固和应用类课程的基本教学内容是新课标要求下的一种教学内容,而且是随着活动课程的发展而不断形成的。其教学内容的目标是通过此类教学内容的学习,巩固学生有关体育教学的基本知识和技能,并能够将其与运动实践相结合,借此提高学生的体育锻炼技能以及在参加体育活动方面的常识和能力。

巩固和应用类课程的基本教学内容的要求:在选用教学内容时,应该注意将其与学科内容和体育教学内容完美融合,同时注意对内容的延展性和应用性的掌握,注意对学生在体育教学活动中的创新能力和创新意识的培养,使学生能够进一步拓展学习到的知识和技术。

第三章　体育训练的基本理论

第一节　速度训练

一、速度及其检测与评价

速度素质是人体的一种重要的身体素质,它是指人体快速运动的能力。通常情况下主要表现为三种形式:反应速度、动作速度和位移速度。反应速度是指人体对各种刺激迅速作出反应的能力,通常以反应时的长短来表示,如听到枪声完成起跑等;动作速度是指人体或人体的一部分完成单个动作或成套动作的快慢以及单位时间内重复动作次数多少的能力,如投掷运动员掷出器械的速度、排球运动员的扣球速度、跳高运动员的起跳速度等;位移速度是指在周期性运动中,单位时间内人体快速位移的能力,通常以通过一定距离的时间或单位时间内所通过的距离来表示,如短跑运动员的跑速、跳高运动员的助跑速度等。在大多数运动项目中,上述速度素质的三种表现形式都会综合表现出来,但在不同项目中,三者的表现各有特点。

二、影响速度的生理学因素

(一)反应速度

1. 反射活动的复杂程度

反应速度的快慢表现为反应时间的长短,它是指从感受器接受刺激到效应器作出反应所需要的时间。反应时间越短,反应速度越快。反应时间的长短主要取决于感受器的敏感度、中枢信息加工时间和效应器的兴奋性,其中中枢信息加工最为重要。反射活动越复杂,中枢信息加工的时间越长,反应速度越慢。反应时受遗传因素的影响也较大,遗传力高达75%以上,另外反应时的长短还与刺激信号的强度和注意的集中程度与指向等因素有关。

2.中枢神经系统的兴奋状态

中枢神经系统处于适宜兴奋状态下,反应速度较快;相反,如果运动员处于过度疲劳状态或者休息不好等影响中枢神经系统工作的各种条件下,反应速度将明显减慢。

(二)动作速度和位移速度

动作速度与位移速度的主要特点都是通过肌肉系统最大限度的快速活动,在最短的单位时间内完成所需要进行的工作。由于人体肌肉活动受一个人的体能、技能和心理能力等因素的影响,故影响动作速度、位移速度的因素也表现为多个方面。

1.能量供应

在人体三大代谢供能系统中,速度能力主要取决于磷酸原系统,即 ATP-CP 系统的无氧代谢供能能力。通过科学的训练改善 ATP-CP 系统的供能能力,有助于速度素质的提高。

2.肌纤维类型的百分构成

人体肌肉快肌纤维百分比越高,快速运动的能力也越强。速度性项目优秀运动员的快肌纤维百分比明显高于耐力性项目运动员。例如,目前世界上发现的短跑运动员,其快肌纤维百分比可高达95%。

3.肌肉力量

力量是引起人体加速度的原因,力量越大则加速度也越大,加速度越大,人体运动速度就越快。由于人体质量与人体加速度成反比,故要最大限度提高人体加速度,对力量的要求应更偏重相对力量。相对力量越大,肌肉就越容易在运动时克服内、外部阻力，产生快速的收缩。因此，凡是能够影响相对肌肉力量的因素，也必将会对动作速度和位移速度产生作用。

4. 神经系统功能特点

肌肉活动受神经系统的控制。运动生理学研究发现，运动技能越熟练，神经肌肉之间的协调性越好，神经过程的灵活性越高，动作速度和位移速度也越快。

5. 身体形态与发育

速度素质与运动员的身体形态也有一定的关系。一般认为，短跑运动员的身体坚实有力，不胖不瘦，下肢较长，跟腱较长而踝关节较细。而在发育方面，多数研究认为，7~14岁是发展速度素质的最佳时期。

三、速度训练应注意的生理学问题

（一）"速度障碍"

速度训练过程中，有些运动员的速度水平可能会由提高转为停滞不前，这种现象被人们称为"速度障碍"。速度障碍是影响速度发展的重要因素，一般认为与单调和定型化的速度训练方法以及只注重速度的片面训练方法有关。突破"速度障碍"可以从以上两个原因入手，在训练中注意设计和运用新的训练手段、变化训练的方法、加强全面身体训练等，其中最为有效的方法是减小速度训练的外部阻力（如采用下坡跑、顺风跑和牵引跑等），这种训练方法有利于中枢神经系统对肌肉运动的协调控制能力适应新的刺激，从而打破已有的动力定型，促进速度素质的提高。

（二）速度发展的敏感期

速度的发展与机体神经控制、肌肉力量等因素有关，因而受生长发育的影响。一般认为，反应速度自然发展的敏感期介于7~11岁之间，动作速度和位移速度的敏感期稍微滞后，约为9~14岁。总之，7~14岁是速度能力自然发展的敏感时期,这一时期采取科学合理的训练有助于速度的更好发展。

(三)发展位移速度的生理学重点

从生理学角度出发,训练运动员的位移速度应全面考虑影响速度各个生理学因素的发展和改善,同时兼顾年龄和性别差异。训练中,采用科学合理的训练手段,重点发展 ATP-PC 和乳酸的供能系统的能力,改善肌肉力量和肌肉运动的神经控制能力,重视全面身体训练在发展位移速度能力方面的作用。

第二节 柔韧性和灵敏性训练

一、柔韧性、灵敏性及其测量与评价

(一)柔韧性

柔韧性是对机体单个关节或者多关节活动范围的测度,由骨关节结构和肌肉、韧带以及关节囊的长度和伸展性等因素决定。柔韧性决定关节活动的范围并随年龄等因素变化,因此近年来受到健康相关体能和运动训练的重视。

柔韧性从其外部运动形式可分为动力性柔韧性和静力性柔韧性。前者是指肌肉、肌腱、韧带根据动力性技术动作需要,拉伸到解剖学允许的最大限度能力,而后者是指肌肉、肌腱、韧带根据静力性技术动作的需要,拉伸到动作所需要的位置角度,控制其停留一定时间所表现出的能力。从完成柔韧性练习的表现上看,柔韧性又分为主动柔韧性和被动柔韧性。主动柔韧性是人主动运动中表现出来的柔韧素质水平;被动柔韧性则是在一定外力协助下完成或在外力作用下表现出来的柔韧水平。主动柔韧性不仅可以反映对抗肌的可伸展程度,而且可反映主动肌的收缩力量。一般来说,主动柔韧性比被动柔韧性要差,这种差距越小,说明柔韧性的发展水平越均衡。此外,还可从柔韧性在身体不同部位的表现,分为上肢柔韧性、下肢柔韧性、腰部柔韧性、肩部柔韧性等。

柔韧性的检测方法因检测部位而有所不同,常用检测部位包括肩关节、髋关节和躯干。肩关节柔韧性通常采用双手背部"对指试验",即以两大拇指在背部的双臂屈肘对指试验中的距离作为评价指标;髋关节柔韧性通常采用"仰卧单举腿试验",即以两大腿最大夹角反映髋关节的活动范围;躯干柔韧性一般采用两种方法加以度量,一种是"立姿转体"试验,用于评价躯干旋转活动的范围;另外一种是"坐姿体前屈",用以评价躯干屈的活动范围。由于后面一种方法的检测结果涉及髋、脊柱和肩关节等多个部位的柔韧性,因此常被作为评价全身柔韧性的评价指标。

(二)灵敏性

灵敏性是指人体在各种突然变换的条件下,快速、协调、敏捷、准确地完成动作的能力。它是人的运动技能、神经反应和各种身体素质的综合表现。在日常生活以及球类、武术、散打、拳击、摔跤、击剑、体操等许多运动项目中,都要求人体能够在客观环境急剧变化的条件下,迅速表现出对动作的准确判断和及时的反应。快速敏捷的反应速度、高度的自我操纵能力,以及迅速改变身体或身体某部位运动方向的能力等都是灵敏性的基本内容,因此灵敏性实质上是机体各个系统活动能力的综合反应。

二、影响柔韧性和灵敏性的生理学因素

(一)影响柔韧性的生理学因素

人体柔韧性的好坏主要取决于关节的骨结构、关节周围组织的体积和肌肉、韧带组织的伸展性,此外还与年龄和体温等有密切的关系。少年儿童的骨弹性好、可塑性大、关节韧带的伸展性好,因此柔韧性好;老年人骨弹性差、可塑性小、关节韧带的伸展性差,因此柔韧性也较差。此外,体温升高,肌肉粘滞性下降,会使肌肉和韧带的伸展性增加,因而关节活动范围增大。

(二)影响灵敏性的生理学因素

1. 大脑高级神经活动的灵活性

大脑皮层神经过程的分析综合能力和灵活性是指机体在内外环境发生变化的时候,能够迅速作出判断,并依此发动、制止或改变动作行为和其他功能反应的能力。它与人体运动技能巩固的程度和运动经验密切相关。运动技能越巩固或大脑皮层动力定型越完善,运动经验越丰富,分析和综合能力就越强,动作反应也越快速、越协调和灵活。

2. 感觉器官的功能

感觉器官具有为中枢神经系统提供体内外环境变化信息的功能,因此在决定灵敏性的好坏方面具有特殊的作用。研究表明,运动员的感觉器官不仅具有较好的敏感性,而且有一定的运动项目特点。例如,体操运动员具有较好的本体感觉和位觉,篮球运动员具有较广阔的视野,乒乓球选手具有良好的速度判断和精确定位能力。

3. 运动技能的熟练程度

灵敏是中枢神经系统控制机体迅速作出反应的一种身体能力,与机体自身已经掌握的运动技能数量及其熟练程度有关,运动技能越多且越熟练,大脑皮层的中枢联系就越快速和准确,动作反应也就越灵活。

4. 其他

良好的灵敏素质需要其他身体素质的保障,力量、速度、耐力、柔韧都是人体适应复杂环境变化,迅速准确做出反应的基础。此外,灵敏素质还受年龄、性别、体重和身体疲劳程度等多种因素的影响。一般认为,少年时期灵敏素质的发展最快,比较灵活;青春期后,人体体重增加,肌肉收缩的负荷增大,反应速度减慢。另外在身体疲劳时,由于神经系统的功能和肌肉力量等下降,灵敏性也会有所下降。

三、柔韧性和灵敏性练习方法

(一)柔韧性练习的方法

提高柔韧素质一般采用牵拉肌肉和结缔组织的方法,常用的方法有快速牵拉和缓慢牵拉两种,前者主要包括"踢腿""摆腿"等练习,后者包括"拉韧带"和"压腿"等。虽然这两种方法都能够有效地改善关节柔韧性,但易引起肌腱、肌肉和邻近部位组织的拉伤。因此,在进行此类练习前应做好充分的准备活动,合理控制柔韧性练习的强度,避免做一些危险性大的柔韧性练习。

(二)灵敏性练习的方法

灵敏素质是人体综合能力的反映。为了提高机体活动的灵敏性,应尽可能采取逐渐增加复杂程度的练习方式,也可以通过改变条件、器械、器材等方式来增加技术动作的复杂性和难度。同时,应着重培养和提高个体掌握动作的能力、反应能力、平衡能力、观察能力、节奏感等。在发展灵敏素质过程中,应特别强调提高力量、速度、耐力和柔韧等基本活动能力来发展灵敏素质。竞技体操、武术、技巧、滑冰、滑雪及各种球类运动项目等,都是发展灵敏素质的有效活动。此外,在竞技运动训练中反复练习与专项动作性质相似的动作,也是发展专项灵敏素质的有效途径。

第三节　耐力训练

一、耐力及其评价指标

耐力是指人体持续运动的能力,它是人体健康和良好体能的重要标志,也是影响生活质量和众多竞技项目,尤其是耐力性项目运动成绩的重要因素。耐力的分类有多种方式,按照耐力与运动专项间的关系,通常分为一般耐力和专项耐力;按照耐力运动所涉及的人体主要器官和系统,分为肌肉耐力和心肺耐力;按照运动时供能代谢的特点,可分为有氧耐力和无氧耐力等。

耐力评价指标通常依照耐力分类方法而有所不同。一般耐力通常以持续完成运动的时间或距离加以判断,如常用的耐力跑的时间或12min跑的距离等;有氧耐力和心肺耐力通常与个人的最大吸氧量和无氧阈有密切关系,因此常以该两项指标进行评价;无氧耐力一般以无氧性运动的成绩结合血乳酸浓度的变化加以评价;肌肉耐力通常依据肌肉完成规定强度的练习次数、平均做功能力,或者表面肌电信号平均功率频率变化斜率等物理和生理指标进行检测与评价。

二、影响耐力的生理学因素

耐力受多种因素的影响,除与个体个性心理特征、运动技能水平和战术应用等有关外,影响耐力的主要生理学因素还包括以下两个方面。

(一)有氧耐力

1. 氧运输系统的功能水平

氧运输系统由呼吸、血液和循环三部分组成,主要完成氧气、营养物质和代谢产物的运输功能,是决定有氧耐力的核心因素。氧运输系统的功能水平即最大氧运输能力,主要取决于血液的载氧能力和心脏的泵血功能。血液载氧能力与血红蛋白含量的高低有关,1g血红蛋白可以结合1.34mL氧气,血红蛋白含量越高,血液结合的氧气就越多。一般成年男性血红蛋白含量约为15g/100mL血液,血氧容量约为20mL氧/100mL血液,女性和少年儿童不及成人。优秀的耐力项目运动员的血红蛋白含量通常比一般人或其他项目运动员高,可达16g/100mL血液以上,因此其血液的载氧量也比一般人多。心脏的泵血功能主要表现为最大心输出量(即心脏每搏输出量与心率的乘积)。最大心输出量越大,外周肌肉组织单位时间内获得的血流量越多,氧气的运输量也越大。运动生理学研究发现,优秀的耐力项目运动员的心室腔容积和心室壁厚度都较非耐力性项目运动员和一般人大(图3-1);心脏每搏输出量约为150~170mL,

一般人为 100～120mL。此外，优秀耐力选手的心肌收缩力也较大，射血速度也较快，运动时心率即使高达 200 次/min，每搏输出量仍不减少，这些都是其具有较高的氧运输功能的生理学基础。以评价氧运输系统的功能水平的生理学指标：VO_2max（最大摄氧量）为例，一般人 VO_2max 的相对值约为 50～55mL·kg^{-1}·min^{-1}，而优秀的越野滑雪运动员可高达 94mL·kg^{-1}·min^{-1}。

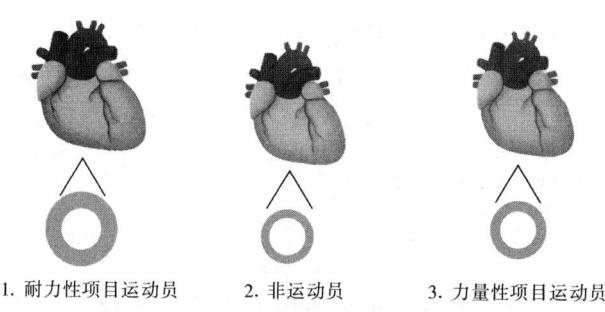

1. 耐力性项目运动员　2. 非运动员　3. 力量性项目运动员

图 3-1　耐力性项目运动员与非运动员和非耐力性项目运动员心脏形态比较

2. 骨骼肌的氧利用

当毛细血管血液流经肌肉组织时，肌肉组织可以从中摄取和利用氧气。生理学研究表明，肌肉组织摄取和利用氧气的能力主要与肌纤维类型及其有氧代谢能力有关，I 型肌纤维比例高，有氧代谢酶活性高，肌肉组织摄取和利用氧气的能力也强。优秀的耐力项目运动员慢肌纤维百分比高，线粒体数量多，有氧氧化酶活性高，毛细血管分布密度大，因此其摄取和利用氧气的能力比较高。目前认为，心输出量是影响有氧耐力的中心机制，而肌纤维类型的百分构成及其有氧代谢能力，则是决定有氧耐力的外周机制。

一般认为，无氧阈能够在一定的程度上整体反映运动时骨骼肌的氧利用能力，以无氧阈的最大吸氧量相对值表示法为例，比值越高，反映肌肉的氧利用能力越强。一般人的无氧阈约为 65% 最大吸氧量，而优秀耐力运动员可高达 80% 最大吸氧量以上。

3. 神经系统的调节能力

耐力运动要求运动员的神经系统具有长时间保持兴奋和抑制节律性

转换,以及运动中枢与内脏中枢的协调活动能力,借以保持肌肉收缩和舒张的良好节律,以及运动器官和内脏器官活动之间的协调和配合。研究表明,耐力训练能够有效改善神经系统的调节功能,使其活动更加适应耐力运动的需要,这正是耐力运动员能够坚持长时间运动的生理学原因之一。

4. 能量供应

耐力性运动的能量绝大部分来自肌糖原和脂肪的有氧氧化。研究表明,肌糖原含量不足可以明显影响耐力性运动的成绩,而增加肌糖原储备、提高有氧氧化的能量利用效率、节约肌糖原利用以及提高脂肪利用比例等,均能够有效提高机体的耐力水平。

5. 年龄与性别

发育过程中,以最大吸氧量绝对值表示的机体最大摄氧能力随年龄的增长而增加,男生约在 16 岁,女生约在 14 岁时达到顶峰。14 岁时,男女最大吸氧量绝对值的差异约为 25%,16 岁时高达 50%。但若以相对值"$mL \cdot kg^{-1} \cdot min^{-1}$"表示,男生在 6~16 岁期间最大吸氧量稳定在 $53mL \cdot kg^{-1} \cdot min^{-1}$ 水平,而女生则从 $52.0mL \cdot kg^{-1} \cdot min^{-1}$ 逐渐下降到 $40.5mL \cdot kg^{-1} \cdot min^{-1}$,这一差距可能与女性体内脂肪贮量随年龄增长的速度快于男生有关。25 岁以后,最大吸氧量以约每年 1% 的速度递减,55 岁时,最大吸氧量较 20 岁时平均减少约 27%。

6. 能量利用效率

能量利用效率是指单位耗氧量条件下的机体做功能力。研究表明,多数耐力项目运动员运动成绩的差异,65% 是因为能量利用效率的差异造成的。一项研究发现,两个最大吸氧量相对值相同的马拉松运动员,他们在跑马拉松时均使用了 85% 的 VO_2max,但其中一人的能量利用效率高,结果比赛成绩比另外一人快了 13min。

(二)无氧耐力

1. 骨骼肌的糖无氧酵解供能能力

无氧耐力的主要能源来自肌糖原的无氧酵解,后者主要受肌纤维百分构成和糖酵解酶催化活性的影响。研究表明,从事不同代谢性质运动项目训练的运动员,其肌纤维百分构成和糖酵解酶活性有明显的项目特征(表3-1),这说明以上两项因素在决定无氧耐力方面发挥重要作用。

表3-1 不同竞赛项目运动员肌纤维组成和无氧代谢酶活性的比较

项目	慢肌/(%)	乳酸脱氢酶/(μEq/g·min^{-1})	磷酸化酶/(μEq/g·min^{-1})
男子短跑	24.0	1287	15.3
男子中长跑	51.9	868	8.4
男子长跑	69.4	764	8.1
女子短跑	27.4	1350	20.0
女子中长跑	60.0	744	12.6

2. 对酸性物质的缓冲能力

肌肉糖酵解可以产生大量的 H^+,它们可以在肌细胞内大量累积,还可以扩散到血液中,从而造成肌肉和血液中的酸性物质增加,干扰细胞内和人体内环境的理化性质。人体肌肉和血液中都存在着中和以上酸性物质的缓冲物质,它们是由弱酸(如 H_2CO_3)以及弱酸与强碱生成的盐(如 $NaHCO_3$)按一定比例组成的混合液,具有缓冲酸、碱物质,保持 pH 值相对恒定的作用。研究表明,经常从事无氧耐力训练可以提高机体的耐酸能力,从而提高无氧耐力。但是,目前还没有研究证据表明无氧耐力训练能够提高机体的酸碱缓冲能力。专家推测,运动员耐酸能力的提高可能是运动训练强化了他们对酸性物质引起的心理不适感的耐受能力所致。

3. 神经系统对酸性物质的耐受能力

肌肉和血液中的缓冲物质能够在一定的程度上缓解酸性物质在体内的快速累积,但是最终无法阻止肌肉和血液的 pH 值向酸性方向发展。安静状态下人体血液 pH 值平均为 7.4,骨骼肌细胞液的 pH 值为 7.0 左右。剧烈运动时,骨骼肌细胞内和血液 pH 值均可能发生明显变化,骨骼肌细胞液的 pH 值可能降到 6.3,血液 pH 值可能降到 7.0 左右。研究表明,神经系统对运动肌的驱动和对不同肌群活动的协调作用是影响无氧耐力的一个重要因素,大量酸性物质能够影响神经系统的上述功能,从而影响运动过程中运动单位的激活和中枢控制的协调性。因此,经常从事无氧耐力训练,可以提高神经系统对酸性物质的耐受能力。

三、耐力训练应注意的生理学问题

(一)耐力训练的生理负荷强度

从运动生理学理论出发,有氧耐力训练的目的在于提高机体的最大氧摄取和利用能力,无氧耐力训练的目的在于提高机体的糖无氧酵解供能和酸性物质耐受能力,而实现以上训练目的的最重要因素是合理制定和控制耐力训练的生理负荷。一般情况下,有氧耐力训练生理负荷的制定,通常是以刺激心脏做功、增强泵血功能和提高外周肌肉氧利用能力为依据的。在以发展一般耐力或者改善心肺功能为目的的健身运动中,生理负荷强度一般控制在个人最大吸氧量(VO_2max)的60%~80%、最大心率(HRmax)的70%~90%或者心率储备(HRR,即最大心率与安静状态心率之差)的60%~80%之间。而以增强有氧运动能力和提高有氧耐力成绩为目的的竞技运动训练时,生理负荷强度通常稍大一些,控制在个人最大吸氧量的80%~90%之间(表3-2)。而改善无氧耐力最适宜的生理负荷强度,通常以长时间保持较高水平血乳酸浓度为判别依据,一般以持续时间为0.5~2min的最大运动负荷运动,辅以适当间隔的间歇训练法进行训练。

表3-2 VO_2max、HRmax 和 HRR 之间的关系

VO_2max/(%)	HRR/(%)	HRmax/(%)
50	50	66
55	55	70
60	60	74
65	65	77
70	70	81
75	75	85
80	80	88
85	85	92
90	90	96

（二）耐力训练期间的营养

营养是维持正常人体生命活动和健康的重要物质基础,也是促进运动员身体机能恢复的有效手段。耐力训练具有持续时间长、热量与各种营养物质消耗大和体内代谢过程比较稳定的特点。其中,耐力训练的能量代谢通常以有氧氧化为主,肌糖原的消耗量比较大,蛋白质分解代谢加强,氨基酸转变为葡萄糖的速度加快,脂肪供能的比例随运动时间的延长而增加。因此,食物中应注意加强糖类物质的补充(热量比例约为总热量摄入的 70%),相应增加维生素 B、维生素 C 和各种矿物质的摄入,食物中还应含有适量(热量比例约为总热量摄入的 30%)的脂肪以缩小食物体积和减轻消化道负担。

（三）呼吸肌疲劳与耐力运动成绩

人的呼吸肌可分为吸气肌和呼气肌。吸气肌主要有膈肌、肋间外肌和胸锁乳突肌;呼气肌主要有肋间内肌和腹肌,另外还有辅助呼吸肌包括颈部、背部及肩带肌肉。正常人在安静状态下吸气是主动的,呼气是被动的,而运动过程中用力呼吸时吸气和呼气都是主动进行的。正常吸气时,膈肌所起的作用占吸气肌的 60%～80%,因此膈肌是最主要的呼吸肌。

呼吸肌是肺呼吸运动的动力泵,大量研究发现,与四肢骨骼肌一样,呼吸肌在一定条件下也会发生疲劳,表现为呼吸肌收缩力下降,收缩速度减慢。而有针对性地进行呼吸肌耐力训练,不仅可以提高呼吸肌的抗疲劳能力,还能有效改善人体耐力运动的成绩。目前研究认为,通过对呼吸肌耐力的训练,改善耐力运动成绩的生理机制主要表现在两个方面:一是呼吸肌耐力训练能够有效改善呼吸肌的有氧代谢能力,提高氧气利用效率,从而使运动时分流到呼吸肌的血流减少,增加主要运动肌的血液供应;二是呼吸肌耐力训练能够提高其对血乳酸的摄取和利用,从而使运动时血乳酸浓度降低。

（四）高原训练与耐力

高原训练是一项直接和间接利用高原缺氧对机体氧运输和代谢等功能的影响,来提高人体运动能力的有效训练手段。高原训练始于 20 世纪 50 年代,早期的高原训练主要让运动员直接置身于高原缺氧环境之中进行训练,以提高身体运动能力。之后,为有效克服高原训练所造成的运动员过度疲劳、肌肉萎缩和训练强度低下等缺点和不足,有人提出了一些新的高原训练观念和方法。例如,在平原地区进行的各种仿高原训练和高住低训等。虽然目前学术界对于该训练方法能否有效提高最大吸氧量还存有争议,但是运动生理学的研究发现,高原训练能够有效增加血液红细胞数量、提高血红蛋白含量、改善心脏泵血功能和提高骨骼肌无氧代谢能力。

(五)主要耐力训练方法的生理学特点

1.持续训练法

持续训练法是发展耐力,尤其是有氧耐力的主要方法。持续训练法的特点是练习时间长且不间断、运动强度适中但运动负荷相对较大。根据训练中练习强度的保持情况,持续训练法还可以进一步分为匀速训练法和变速训练法两种。前者的练习强度基本保持不变且一般保持在有氧代谢范围之内,此时的心率大约在 150~170 次·$\min^{-1}$ 之间,练习持续时间在 20~30min 以上,这种方法常被用于一般有氧耐力训练;后者是在较长时间的持续运动中,有规律地变换练习强度的耐力训练方法,一般的强度变化范围是在个人最大强度的 70%~95% 之间,此时心率约为 140~180 次·$\min^{-1}$。在采用这种训练方法时,如果练习强度处于有氧代谢范围内,其训练效果与匀速训练法相同,而当练习强度超过有氧代谢范围时,则对发展无氧耐力有较好的作用。

2.间歇训练法

间歇训练法是指在两次练习之间安排适当的间歇休息,在身体机能尚未完全恢复的情况下,开始下一次练习的训练方法。由于间歇训练法对练习强度、重复次数、训练组数和间歇休息的时间和方式均有严格的规定,且身体机能始终处于较高活动水平,故这种训练对机体氧运输系统活动和能量代谢过程均有较大的影响,是提升耐力素质的常用方法。采用间歇训练法进行耐力训练时,如果练习强度在有氧代谢范围内,主要用于发展有氧耐力;如果运动强度超过有氧代谢,则主要用来发展无氧耐力。

以发展无氧耐力为例,练习的持续时间一般为 0.5~4min,练习强度接近比赛强度,练习之间的间歇休息时间要短,以保证机体在尚未完全恢复的情况下重复练习。完成这类间歇训练时,神经肌肉系统可以在高乳酸浓度状态下进行长时间工作,从而有助于发展其耐受乳酸和抗疲劳的能力。

3. 重复训练法

重复训练法是一种反复多次进行同一练习的运动训练方法,与间歇训练法一样,该方法也在每次练习之间安排休息间歇。但是与间歇训练法不同的是,重复训练法要求运动员在间歇休息期间,身体机能完全恢复后再开始新的练习。重复训练中练习强度、练习次数和运动负荷的控制取决于训练的目的,发展有氧耐力的重复训练练习强度多在有氧代谢范围内,而发展无氧耐力的多在无氧代谢范围内。多数情况下,重复训练法主要用于发展无氧耐力,原因是重复训练法的间歇休息时间长,运动员的身体机能恢复充分,能够承受较大强度的运动。但是,由于一次又一次的重复练习是在体内堆积的乳酸已经大部分消除的情况下进行的,因此对改善运动员耐受乳酸能力的作用不及间歇训练法。

第四节 肌肉力量训练

一、肌肉力量及其检测与评价

肌肉力量,简称肌力,是指肌肉收缩时依靠肌紧张来克服和对抗阻力的能力。肌力的表现形式与肌肉的收缩形式有关,如果肌肉收缩时长度不变且产生的张力等于外部阻力,此种形式的肌肉收缩叫等长收缩;如果肌肉收缩时长度变短,但肌肉的张力保持不变,叫等张收缩;如果肌肉在其活动范围内以恒定速度进行最大收缩,叫等速收缩。等长收缩、等张收缩和等速收缩条件下,肌肉克服和对抗阻力的能力分别被定义为等长肌力、等张肌力和等速肌力,它们是肌肉收缩功能评价的主要生理学指标。

等长肌力,又称静态肌力,简称静力。它在体育活动和日常生活活动中发挥重要作用,是常用的肌力评价方法,如竞技体操的"十字支撑"和"直角支撑"、武术的"站桩"、日常生活中的"静坐"等。等长肌力测定主要包括握力、背力、臂力和腿部力量等。常用的测量手段主要包括握力计、背力计和钢索测力计。

等张肌力,俗称动态肌力,由等张收缩得名。严格地讲,人体肌肉对抗阻力收缩时,由于关节角度、收缩速度等因素的变化,在整个运动范围内,肌肉以同样的力量进行收缩是不可能的,既不存在严格意义上的等张收缩,更谈不上严格意义上的等张肌力。然而由于习惯,目前人们仍使用这一术语反映动态肌力。在运动训练和肌力评价中,常用的等张肌力测定包括握推、挺举、负重蹲起等,而等张肌力的评价通常以能够一次成功举推的最大重量,即1次重复重量(one repetition maximum,1RM)的大小表示。

等速肌力是1969年由Hislop和Perrine提出并建立的一种关节运动速度恒定而外加阻力,呈顺应性变化的动态运动概念和动态肌力评价方法。测试时等速肌力测试仪所产生的阻力与肌肉收缩的实际力矩输出相匹配,从而使肌肉在整个关节活动范围内,或处于各种不同角度时均能承受相应的最大阻力,产生相应的最大张力和力矩输出。其中,在整个关节活动范围内最大力矩输出的一点,可以反映肌肉的最大动态收缩力。利用等速肌肉力量测试系统评价肌肉力量,通常是在慢等速($60°/s$)和快等速($180\sim300°/s$)两种条件下进行的,前者主要用于评价最大肌肉收缩力量,后者用于评价肌肉耐力。

二、影响肌肉力量的生理学因素

(一)最大肌肉横断面积

最大肌肉横断面积是指横切某块肌肉所有肌纤维所获得的横断面面积,它是由肌纤维的数量和粗细来决定的,通常用平方厘米来表示。据研究,最大用力收缩条件下人体每平方厘米横断面积的肌肉可以产生 3~8kg 的肌力。因此,一般条件下肌肉的最大横断面积越大,肌肉力量也越大,两者接近正比例关系。力量训练可以提高肌肉力量,原因之一就是可以增大肌肉横断面积。然而,肌肉横断面积作为影响肌肉力量的因素之一,并不能完全解释力量训练中所表现出的所有生理学现象。例如,研究发现力量训练引起男、女性肌肉力量的增长百分比相似(20%~40%初始水平),但是女性肌肉体积的增加不及男子;力量训练可以使儿童和老年人肌肉力量明显增加,但是不伴有肌肉体积等比例增加;此外,力量训练具有明显的"交叉转移"现象,即一侧肢体的肌肉力量训练不仅可以引起被训练的肢体肌肉力量增强,还可以使对侧未被训练的肢体肌肉力量增加。以上事实说明,肌肉横断面积或者肌肉体积本身不是决定肌肉力量大小的唯一生理学因素。

(二)肌纤维类型

骨骼肌纤维可依据其收缩的特性不同分为快肌和慢肌两大类,其中快肌纤维较慢肌纤维能产生更大的收缩力。因此,骨骼肌中快肌纤维百分比高及其横断面积或直径大的人,肌肉收缩力量也大;而慢肌纤维百分比高的人则肌肉力量较小。一般情况下,人体四肢肌肉的快、慢肌纤维类型百分比构成大致相等,但受遗传和后天训练因素的影响,耐力项目运动员的肌肉通常含有较高比例的慢肌纤维,而短跑和爆发力项目的选手拥有较多的快肌纤维。此外研究发现,在力量训练的影响下,快肌和慢肌的纤维横断面积和收缩力量均可以发生相应的增加,但是快肌纤维增加的速度快于慢肌,因此具有更好的力量训练适应性。

(三)肌肉初长度

人的肌力大小与肌肉收缩前的初长度有关。在一定范围内,肌肉收缩的初长度越长,则肌肉收缩时产生的张力和缩短的程度就越大。这一方面是因为肌肉拉长时,肌梭将感知肌纤维长度变化产生冲动,通过牵张反射机制提高肌纤维回缩力来对抗拉力;另外一方面,肌肉本身是一种弹性组织,在受到快速牵拉时具有弹性回缩的作用。在运动实践中,如挺举前的下沉动作,扣球前做背弓动作时的体前肌群预先拉长,投掷前做超越器械动作时,体前肌群的主动拉长,以及做踏跳、推手、落地等动作前主动肌的预先被动拉长等,均是通过有效利用该因素的作用而获得更大的收缩力。

(四)神经因素

1. 中枢驱动

中枢神经系统动员肌纤维参加收缩的能力称为中枢驱动。人体肌肉在进行最大用力收缩时,并不是所有的肌纤维都同时参加收缩,动员参与活动的肌纤维数量越多,则收缩时产生的力越大。缺乏训练的人只能动员肌肉中60%的肌纤维同时参加收缩,而训练水平良好的人可以动员肌肉中90%以上的肌纤维同时参加收缩。中枢驱动作用主要表现为支配肌肉的运动神经元放电频率及其同步化的变化,研究表明力量训练能够有效提高运动神经元的放电频率,从而增强中枢驱动能力。

2. 神经中枢对肌肉工作的协调和控制能力

运动中完成一个最简单的动作也需要许多块肌肉共同来实现。不同的肌肉群是由不同的神经中枢支配进行工作的,不同神经中枢之间的协调关系得到改善,就可以提高主动肌与对抗肌、协同肌、固定肌之间的协调能力,使上述肌肉群在参加工作时能各守其职,协调一致,发挥更大的收缩力量。此外,研究还表明,受力量训练的影响,主动肌运动单位活动的同步化程度也可以明显提高,从而使肌肉收缩产生更大的力量。

3. 中枢神经系统的兴奋状态

中枢神经系统兴奋性提高,即情绪高度兴奋时,会导致肾上腺素、乙酰胆碱等生理活性物质大量释放,这也是影响肌肉力量的重要因素。人在极度激动或危险紧急情况下,发挥超大力量的现象已众所周知。生理学家认为,这种现象可能是因为情绪在极度兴奋时,肾上腺素分泌大量增加,使肌肉的应激性大大提高。同时更重要的是中枢发出了强而集中的神经冲动,迅速动员"储备力量",从而使运动单位成倍地同步动员并投入工作。以上事实说明神经系统功能在肌肉力量的激发方面发挥了重要的作用。

神经因素在力量训练引起肌肉力量增加方面的作用,主要表现在儿童少年时期和力量训练适应过程。研究发现,儿童少年时期肌肉体积的增长速度落后于肌肉力量的增加;儿童少年运动员在力量训练引起肌肉力量增大的同时,肌肉体积没有产生相同程度的变化。此外,力量训练早期,肌肉力量增加的同时并不伴有肌肉体积明显的增加,而在力量训练后期,肌肉力量的增加则更大程度上受肌肉体积的影响。这说明力量训练的早期和晚期人体具有不同的适应机制。

(五)年龄和性别

1. 年龄

力量素质的发展有着明显的年龄特征。一般规律是 10 岁以前,随着人体的生长发育,男、女生肌肉力量一直缓慢而平稳地增长,两者区别不大。从 11 岁起,男、女生的最大肌肉力量的差异开始明显增大,男生增长稍快而女生增长缓慢。青春期过后,肌肉力量仍在增长但其增长速率很低。女生达到最大肌肉力量在 20 岁左右,男生则在 20～30 岁之间。40 岁以后,人体大部分肌肉力量开始衰退。到了 70 岁时,人体多数肌肉的力量只有其鼎盛时期的 30%～60%。

力量素质发展的敏感期是 13～17 岁,此时期最大力量进入快速增长的第一个高峰。这个年龄段力量的增长与体重的增长同步,而且最大力量增长快,相对力量却增长不大。这时的肌肉纵向增长比横向增长要快,因为此时正是身高的快速增长期。16～17 岁是最大力量快速增长的第二个高峰。这时肌肉横向增长的速度加快了,最大力量和相对力量增长均很快,这是发展力量素质的最重要时期。到了 18～25 岁,力量增长就变得缓慢。

青少年阶段力量素质的增长有快速力量先于最大力量、最大力量先于相对力量、躯干肌肉力先于四肢肌肉力的特点。

2. 性别

以绝对肌力大小表示肌肉力量,女子上肢肌力较男子低约50%,下肢肌力低约30%;而以相对值表示,则男、女性肌力均为 $3\sim 8kg/cm^2$,无明显性别差异。显然,肌肉力量绝对值的性别差异主要由肌肉生理横断面积或全身肌肉数量多少的性别差异等因素所决定。

(六)雄性激素水平

雄性激素与肌肉力量大小之间的关系主要是因为它能够促进体内蛋白质合成,使肌肉肥大。雄性激素是由男子的睾丸和肾上腺皮质分泌的,女子肾上腺皮质和卵巢也有少量分泌。由于雄性激素在人体内分泌的数量不同,故可在一定程度上造成不同年龄、性别人群肌肉力量的大小也各不相同。

三、力量训练应注意的生理学问题

(一)力量训练的超负荷问题

超负荷是肌肉力量训练的一个基本原则。超负荷不是指超过本人的最大负荷能力,而是指力量训练的负荷应不断超过平时采用的负荷,其中包括负荷强度、负荷量和力量训练的频率。超负荷力量训练能够不断对肌肉产生较大的刺激,从而使其产生相应的生理学适应,导致肌肉力量增加。研究指出,力量训练的超负荷是一个持续的过程。以某人用杠铃进行弯举为例,如果该人训练前能将40kg的重量最多举起8次(8RM),而经过一段时间的力量训练后举起次数增加到12次,这时就应该增加力量负荷的强度,这就是人们常说的"负荷8,练到12"。一般情况下,力量训练初期或者力量较弱的人,用于发展一般力量的练习强度可参考"负荷10,练到15"或"负荷15,练到20"。用于发展肌肉最大力量的练习强度可依据"负荷1,练到5"的原则加以确定。

（二）力量训练方法的特异性问题

力量训练方法的特异性是指被训练肌肉对不同收缩性质和练习模式的力量训练产生特定反应或者适应的生理学现象，是影响力量训练效果的一个重要因素。力量训练过程中的肌肉活动的性质和模式与所从事的专项特点不一致，与神经系统协调能力以及局部肌肉生理、生化特征的影响也不同。因此，发展肌肉力量的抗阻练习，应包括直接用来完成某一技术动作的全部肌群，并尽可能使肌肉活动的类型、肌肉收缩速度、力量练习的动作结构以及时间—动作关系与专项力量和专项技术的要求相一致。

（三）力量训练的安排

力量训练的强度、运动负荷和训练频率应符合年度训练计划和比赛的要求。依据著名运动训练学家 Matveyev 的周期训练理论，在年度周期计划中，准备期的力量训练量最大，训练强度较低，而在比赛期力量训练量减小，训练强度增大（图 3-2）。

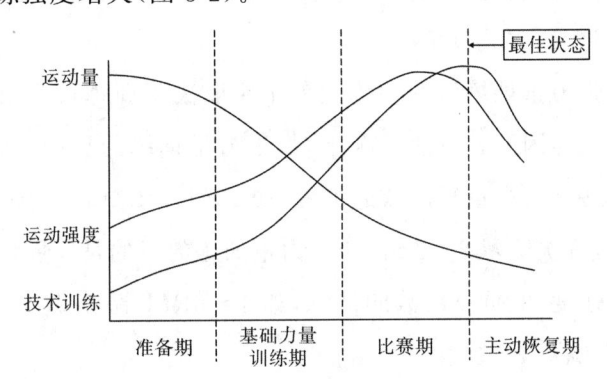

图 3-2 Matveyev 的周期训练理论模式图

（四）各种力量训练方法的生理学特点

1. 等长力量训练法

肌肉收缩而长度不变的对抗阻力的力量训练方法叫做等长力量训练法，又叫作静力训练法。应用这种肌力训练方法时，可以使肌肉在原来静止长度上做紧张用力，也可以在缩短一定程度时做紧张用力。等长力量训练法的优点是肌肉能够承受的运动负荷重量较大,因此是发展最大肌肉力量的常用方法。此外,等长练习时神经细胞长时间保持兴奋,有助于提高神经细胞的工作能力;等长练习时肌肉对血管的压力增大,影响肌肉的血液和氧气供应,从而对肌肉无氧代谢能力的提高、肌红蛋白含量的增加和肌肉毛细血管的增生等均有良好的影响。但等长练习时肌肉缺乏收缩和放松的协调,练习也相对枯燥无味。此外,研究表明等长力量训练的效果具有明显的"关节角度效应",即等长力量训练的效果局限于受训练的关节角度。因此,等长力量训练应根据运动员所从事的运动项目的特点,确定合理的关节训练角度,才能确保训练的效果。

2. 向心等张力量训练法

肌肉进行收缩和放松交替进行的力量练习方法叫做向心等张力量训练法,如负重蹲起、负重提踵、卧推、挺举等均属于此类。向心等张力量训练法的优点是肌肉运动形式与多数比赛项目的运动特点相一致,此外在增长力量的同时,还可以提高神经肌肉的协调性。其缺点是力量练习中肌肉张力变化具有"关节角度效应"。

向心等张力量训练法的训练效果主要取决于训练负荷强度、重复次数和动作速度等因素。一般情况下,如果力量训练的目的是发展力量耐力,应采用低强度、高重复次数的训练,如15~20RM(最多做15~20次)的负荷强度,每次练习2~3组;如果力量训练的目的是发展最大肌力,应采用高负荷强度、低重复次数的训练,如1~6RM(最多做1~6次)的负荷强度,每次练习2~3组。

3. 离心力量训练法

肌肉收缩产生张力的同时被拉长的力量训练方法叫作离心力量训练法,它属于动态力量的训练方法,肌肉在负重条件下被拉长的动作均属于此类。研究发现,肌肉在进行离心收缩时所产生的最大离心张力比最大向心张力大30%左右,因此该力量训练方法能够对肌肉造成更大的刺激,从而更有利于发展肌肉横断面积和肌肉力量。离心力量训练法的不足之处是训练后引起肌肉疼痛的程度较其他方法明显,可能是离心收缩容易引起肌肉结缔组织损伤所致。

4. 等速力量训练法

等速力量训练又叫等动力量训练,它是一种利用专门的等速力量训练器进行的肌肉力量训练方法。在进行等速力量训练时,等速力量训练器所产生的阻力是和用力的大小相适应的,只要练习者尽最大的力量运动,肢体的运动速度在整个运动范围内都是恒定的,而在此活动范围内的各个角度上,只要练习者尽全力运动,产生的肌肉张力也是最大的。因此,等速力量训练法事实上是一种可以使肌肉在整个活动过程中呈"满负荷"工作的力量训练方法。目前研究认为,等速力量训练法是发展动态肌肉力量最好的训练方法之一。

5. 超等长力量训练法

肌肉在离心收缩之后紧接着进行向心收缩的力量训练方法叫作超等长力量训练法。运动训练中常用的多级跳和"跳深"等练习都属于此类方法。目前,超等长力量训练法主要用于爆发力的训练,其生理学依据是肌肉在离心收缩后紧接着进行向心收缩时,可借助肌肉牵张反射机制和肌肉弹性回缩产生更大的力量。此外,研究还发现,在超等长练习之前先进行短暂的高强度负重刺激,有助于更大程度地动员运动单位参与随后的运动,从而强化超等长训练的效果,这种练习方法叫作复合超等长力量训练。

(五)力量训练期间的营养安排

力量训练期间机体体内蛋白质代谢较快,同时热量消耗也较大。因此,对蛋白质与维生素 B_2 的需求较高,特别是在训练早期,蛋白质的供应量应为每千克体重 2g 以上,其中优质蛋白质不低于 1/3,热量百分比可达 18% 左右,此外为了保证神经肌肉系统的正常功能,应同时注意补充无机盐、糖和维生素 C。

第四章 高校体育训练的方法

第一节 专项身体素质训练方法

一、专项力量训练方法

(一)专项力量概念的界定

1.前人对"专项力量"概念的不同描述

体育训练学家在对专项力量的研究中,把力量和专项的关系划分为一般力量和专项力量,把专项力量看作是力量素质的下位概念。但是在对专项力量的概念进行界定时,体育训练学界目前还没有统一的认识。

目前关于专项力量的概念有诸多解释,国外具有代表性的学者观念有:"专项力量是指参与完成专项运动的肌群的力量""严格按专项要求发挥出的力量称为专项力量"等。除此之外,维恩·盖姆博特则认为,"专项力量指的是模仿参与运动技术的关节活动的运动,它不论是在机制上还是在速度上都有很高的专项性"。而在国内学者中,以魏安奎为代表的观念是,"专项力量是指进行特定的专项活动时肌肉收缩产生的力量大小";王保成等则认为,"专项力量是指那些在时间—空间特征上严格符合专项比赛要求的力量";马明彩等人认为,"专项力量是指直接参与完成专项技术动作的特定肌群和效率调控机制协同工作所产生的克服阻力的能力";陈小平的解释则是,"专项力量是指运动生完成专项技术时神经—肌肉系统表现出的力量"。

从以上诸多对专项力量的解释中可以看出,大部分观点只着重专项力量的一般特性,即它的力量型,而忽视了专项力量最关键的特性——项目特性。博姆帕对专项力量的概念进行界定时,所阐述的定义项外延大于被定义项,但是在其他几个定义中,定义项都间接地包含了被定义项,由此使得定义项依然不明确,这说明在目前的一些专项力量概念定义中依然存在缺陷。

虽然上述概念的界定不完美,但是依然可以看出,大部分训练学专家对专项力量内涵的理解是一致的,都认为这种力量的表现与发挥,与运动生肌肉在专项动作中的用力特点等方面有着密不可分的关系。

2. 不同项目对力量的不同要求

弄清不同项目对力量的不同要求,在对"专项力量"进行界定时是非常重要的。在对典型项目的用力特点进行分析后可以发现,要求的体现可以分为七个方面:①不同的运动项目对于专项动作用力时刻的起始速度的要求是不同的,这会导致不同专项运动生的力量产生差异;②不同项目对肌肉用力的持续时间要求不同,以至于运动生的肌纤维成分、用力时的供能系统、最大力量和快速力量的要求也会不同;③即使肌肉用力的目的相似,只要用力收缩方式有差别,力的效果也是天差地别;④只要用力方向的要求不同,即使动作结构相似,对运动生的用力要求也是不同的;⑤只要克服的恒定外界阻力不同,即便是在动作结构相似的条件下,对于肌肉力量的要求也是不同的;⑥项目的不同,产生反作用力的物质材料的性能不同,对于肌肉的要求也会不同;⑦即便是在动作结构相似的条件下,只要不同项目的战术要求不同,肌肉力量的特点也会存在差异。

在上述所说的不同项目对力量的不同要求中,①至④点都指明了不同专项运动生在比赛规则的要求下,为了最大限度挖掘力量潜力采用技术,以至于其肌肉收缩用力在时间和空间上出现差别。第⑤和第⑥恒定外界阻力以及产生反作用力的物质材料,运动生采用的技术受到了规则上的限制。第⑦则说明了战术对力量特点产生的影响。总而言之,运动生比赛动作的技术和战术在时间和空间上对肌肉用力的不同要求,决定

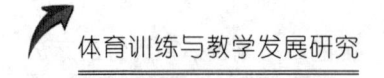

了不同项目运动生的力量特点。

3.人们对专项力量的认识

目前对于"专项力量"的解释最为准确的是,在运动生比赛动作技术和战术所要求的时空条件下,参与运动的肌肉或肌群收缩克服阻力的能力。在比赛规则的限制下,运动生在该项目的比赛中为了获得优胜,从而对人的整体或某一部分或者对器械进行最大程度的加速或减速,或者使它们保持一个特定的频率。因此考察运动生在专项力量上的水平可以看运动生所克服的阻力,以及运动生或其控制的器械的速度大小或速度变化的大小,还有位移大小和姿势的准确与否。需要注意的是,"时空条件"应该包括肌肉收缩时的速度大小、收缩开始前所需改变状态的物体的初速度、肌肉用力的持续时间和肌肉收缩形式。除此之外,其中运用技术时是一种"理想"的模式,反应的是具有共性的一般规律,但在运动生具体的实践过程中,会带有个人的特点,即个性。并且技术具有相对性,是随着实践的发展而发展的,因此在一个动态的过程中在对战术要求进行理解时,要着重注意运动生为了贯彻战术意图所出现的心理定向,这也会对比赛动作的要求产生影响。

(二)专项力量训练机理

运动生在比赛动作技术和战术所需要的时空条件下,调动人体参与运动的肌肉或肌群收缩克服阻力的能力叫作专项力量。运动生进行专项力量训练的目的就是通过专门的肌肉力量训练,使相关的神经肌肉系统引起一定程度的专项化的适应和提高。

在进行训练时,神经肌肉系统主要通过神经和肌肉两条途径来适应。根据训练计划的特征显示,在发展肌肉力量时,爆发力会因为去适应其他力量的特征而下降。举例来说,当为了提高运动生的最大力量而进行很慢的大负荷抗阻力训练时,就可能导致肌肉快速力量和快速收缩能力呈现下降趋势。由此可知,目标运动的专项化神经肌肉特征要在安排用以提高专项力量的各种抗阻力练习前进行确定。

神经肌肉系统引起的适应,以及在运动中力量的提高,这些都是与所运用的抗阻力联系类型有密切联系的。训练的专项性是涉及联系的各个特征,它们可以分为:练习所动用的肌肉群、动作的结构、关节运动的范围、肌肉收缩的类型与速度。力量训练的专项适应性,要求必须确定目标活动的专项需求。对专项需求的完整分析涉及参与工作的肌群、收缩类型、动作速度、"拉长—缩短周期"运动的要求、克服或移动的负荷、动作的持续时间、保持高能量输出的要求、能够提供的间歇周期和受伤的可能性等多个方面。

(三)专项力量训练

1.体能主导类快速力量性项群

体能主导类快速力量性项群包括跳跃、投掷和举重项目,快速力量的训练在本项群训练中有着特别突出的地位。跳跃项目中快速起跳能力的培养,投掷项目中器械出手速度的训练,举重项目迅速发力上挺能力的训练,都在本项群训练中日益引起重视。

例如掷铁饼的快速力量训练,通常采用的练习方法包括负重模仿、掷轻饼、掷重饼、原地掷标准饼等。采用的负重模仿练习包括原地挥片,着重发展腿、髋、躯干和肩带的多环节专门力量;双手抛掷铃片,发展腿、髋和躯干的专门力量,培养投掷用力意识;肩负杠铃杆原地旋转一周,发展左、右腿的专门力量,提高进入旋转动作的身体平衡能力。[1]

2.体能主导类速度性项群

体能主导类速度性项群包括短跑、短距离游泳等项目,例如100米跑、200米跑、50米自由泳、100米自由泳与100米跨栏等。

短跑运动生专项力量训练的力量是一种动力性力量,根据用力的性质,动力性力量又可分为重量性力量和速度性力量。短跑运动中的肌肉

---

[1] 陆勤,陈彩花,杨文俊,等.浅析大学排球选修学生的专项身体素质训练[J].当代体育科技,2019(30):38-39.

活动,既表现为重量性力量又表现为速度性力量,只不过在短跑运动中,肌肉的收缩速度更明显、更重要。因此,我们把短跑运动生的用力称为速度性力量。

短跑运动生的力量训练必须和技术相结合,才能使力量训练达到最佳的效果,因为力量训练的最终目的是学习技术提高运动成绩而服务的。使二者结合起来可以围绕着技术结构的特点进行力量训练。例如,先进的短跑技术要求落地时小腿和踝关节要做积极后扒动作。假若小腿和踝关节的力量差,就不容易做出此动作。为此在训练中就要加强对小腿和踝关节的力量训练。

3.技能主导类表现健美性项群

技能主导类表现健美性项群包括跳水、体操、艺术体操、健美操、花样滑冰、花样游泳和技巧、武术等竞技运动项目。例如,竞技健美操的专项力量训练中,力量素质是竞技健美操比赛取得好成绩的关键,一切高难度动作的完成都必须以力量素质作保障。没有力量就没有难度动作,更没有高难的创新动作。根据竞技健美操竞赛规则的要求,运动生在比赛中必须完成一些特定的、不同类型的难度动作、托举、配合动作和具有健美操特色的动作及基本步伐。竞技健美操运动生所需的力量素质主要有相对力量、快速力量、力量耐力、静力性力量。竞技健美操专项力量训练内容包括以下三个方面。

(1)上肢力量

俯撑、俯卧撑、俯撑击掌、双杠支撑摆动、双杠支撑移动、推小车、靠墙倒立、双杠屈臂撑、倒立推、倒立爬行等;计时的单臂俯卧撑、单臂侧倒俯卧撑、单臂单腿卧撑、负重俯卧撑、自由倒地、团身跳成俯撑等。

(2)下肢力量

原地连续纵跳、连续收腹跳、10～20米的单脚或双脚连续跳、立定跳远、跳绳等;连续横劈腿、纵劈腿跳、屈体跳、交换腿劈叉跳、跳转720°、剪式变身跳转体180°、肩负杠铃蹲跳起、负重分腿跳、负重起踵等。

(3)躯干、腿部力量

仰卧起坐,肋木悬垂收腹举腿,扶肋木前、侧、后方向的快速踢腿,俯卧在横马上,一人压住双腿做抱头起,运动生头和脚分别支撑在山羊上,保持挺身姿势的静力练习,仰卧练背肌、俯卧练习腹肌;各种负重的仰卧起坐、仰卧举腿、肋木收腹举腿、分腿支撑、直角支撑,分腿高直角撑、直角支撑转体360°等。

二、专项速度训练方法

(一)专项速度训练机理

专项速度训练的目的,就是针对不同的专项,通过专门的反应速度训练、动作速度训练、位移速度训练,使运动生相关的神经肌肉系统引起专项化的适应和提高。专项速度的生理、生化基础表现为以下三点。

1. 专项反应速度

专项反应速度包括:①反应时。反应速度的快慢取决于兴奋通过反射弧所需要的时间,即反应时的长短。在构成反射弧的五个环节中,传入和传出神经的传导速度基本上是固定的。所以,反应时的长短主要取决于感受器的敏感程度、中枢延搁和效应器的兴奋性。其中中枢延搁优势是最重要的,反射活动越复杂,经历的突触越多,反应时越长。②中枢神经系统的灵活性与兴奋性。中枢神经系统处于良好的兴奋状态时,能够加速机体对刺激的反应。③条件反射的巩固程度。随着运动技能的日益熟练,反应速度会日益加快。有研究发现,通过训练,反应时间可以缩短11%~25%。

2. 专项动作速度

专项动作速度主要包括:①肌纤维类型的百分组成及其面积。肌肉中快肌纤维百分比越高,快肌纤维越粗,肌肉收缩速度则越快。②肌组织的兴奋性。肌组织兴奋性高时,强度较低且时间短的刺激强度就可以引起组织的兴奋。③条件反射的巩固程度。在完成动作的过程中,动作技术越熟练,动作速度也就越快。

3.专项位移速度

以跑为例,位移速度主要取决于步长和步频两个因素及其协调关系。步长主要取决于肌力的大小、肢体的长度以及髋关节灵活性和韧带的柔韧性,而步频主要取决于大脑皮质运动中枢的灵活性、各中枢间的协调性、快肌纤维的百分比以及其肥大程度。神经过程的灵活性好、兴奋与抑制转换速度快,是肢体动作迅速交替的前提,各肌群间协调关系的改善,可以减少因对抗肌群紧张而产生的阻力,有利于更好地发挥速度优势。所以在周期性的项目中,肌肉的放松能力的改善,也是提高速度的一个重要因素。

(二)专项速度训练

依据项群理论,以运动项目所需运动能力的主导因素,将竞技项目分为体能主导类、技能主导类、技心能主导类、技战能主导类四大类。继而以各项体能或技能的主要表现形式或特征作为二级分类标准,把体能主导类项目分为快速力量性、速度性及耐力性三个亚类;把技能主导类项目分为表现健美性;技心能主导类为表现准确性;技战能主导类则分成同场对抗性、隔网对抗性、格斗对抗性及轮换攻防对抗性四个亚类。

发展不同类项群专项速度的要求是不同的,以下将对其进行阐述。

1.体能主导类专项速度训练

(1)体能主导类快速力量性项群专项速度训练

如跳跃、投掷、举重等。该类项目对专项速度的要求主要表现为专项动作速度和专项位移速度。以跳高为例,对其专项速度的训练主要围绕提高运动生动作速度和位移速度进行。由于大脑皮质神经过程的灵活性是实现高频率动作的重要因素,因此做高频率的动作的重复练习有助于其发展。例如,跳深、连续跨步跳、原地跳、沙坑跳、跳绳、短距离极限跳、立定三级跳、连续单足跳等。每天训练课跳 150~300 次,每组重复 1~5 次;训练负荷采用本人最大速度的 90%~95%。在专项速度练习之后,进行放松训练,提高肌肉的放松能力。

(2)体能主导类速度性项群专项速度训练

如 100 米跑、100 米游泳、500 米自行车等。这类项目对专项速度的要求主要表现为专项反应速度、专项动作速度、专项位移速度三种速度的有机整合。由于反射弧中与反应时关系最密切的是感受器的敏感程度、中枢延搁和效应器的兴奋性,因此通过反复发出各种信号刺激让练习者迅速做出反应的信号刺激法练习,是实现缩短反应时的重要手段,如反复进行听起跑口令或枪声进行起跑练习。此外,还应完善起跑技术。高频率的动作的重复练习有助于其发展肌组织的兴奋性,如快速小步跑、快速高抬腿,还可以借助牵引跑、跑台、顺风跑等借助外力提高动作频率的练习。发展磷酸原系统供能的能力可以多次重复 20~60 米的快跑、行进间 20~60 米快跑、追逐跑等。提高肌肉的放松能力可以用最大速度跑,来避免肌肉过分紧张。发展力量和柔韧性可以进行如持哑铃重复摆臂练习、负重跑、阻力跑等锻炼。

(3)体能主导类耐力项群专项速度训练

包括中长距离及超长距离的走、跑、骑、游、滑、划所有的项目。这类项目是以速度耐力为主导的项目,对专项速度的要求主要表现为专项位移速度。以 1500 米跑为例,可以借助牵引跑、跑台、顺风跑等,在借助外力提高动作频率的练习的基础上进行持续训练,即在一定的速度基础上进行持续 1 分钟左右的练习。可以通过提高乳酸能供能能力来解决位移速度,尤其是最后 400 米冲刺的能力,提高肌肉的放松能力。在长距离的跑动过程中,注意脚步与呼吸的节奏,摆臂放松,以避免过分紧张。肌肉的放松能力好坏对保持高速度起着重要作用。

2.技能主导类专项速度训练

如体操、艺术体操、技巧、跳水等。这类项目对专项速度的要求主要表现为专项动作速度。以跳水为例,主要采用高频率动作的重复练习,有助于其专项速度的发展。快速练习有计时俯卧撑、纵跳转体练习、原地跳起转360°或720°练习,连续进行10～20次,转体要快速,连续2～3组;快速翻转练习,连续腱子接小翻、连续快速侧手翻;快速哑铃练习,持1千克重轻哑铃,做快速头上双臂屈伸;减少阻力法,可以利用一些增加助力的方法来减轻运动生体重,提高运动生的动作速度,目的是提高运动生高速运动的感觉能力,以帮助运动生提高完成某一技术环节的动作速度。提高速度力量是提高动作速度的重要基础,有计时快速推倒立、臂屈、俯卧撑,计时快速完成两头起、背屈伸,计时快速引体向上练习,规定距离的快速爬倒立练习等。

3. 技心能主导类专项速度训练

例如,移动靶射击、飞碟多向射击等。这类项目对专项速度的要求主要表现为专项反应速度、专项动作速度。以飞碟多向射击为例,提高反应时的练习可采用信号刺激法,通过反复发出信号刺激,让练习者迅速做出反应,是实现缩短反应时的重要手段。通过碟靶反复从碟沟中飞出,运动生及时判定飞行的方向,同时身体及时、平稳地向碟靶的方向起动,去捕捉目标。提高动作速率的训练,通过反复的飞碟射击的练习,使身体在判定飞碟飞行方向及角度后,在极短的时间内使准星快速地捕捉到飞碟,即时扣动扳机,完成击发。

三、专项耐力训练方法

(一)专项耐力的概念

在《体育词典》中关于"耐力"的定义是人体在尽可能长的时间内进行肌肉活动的能力。可以认为,耐力是人体抵抗疲劳并持续活动的能力。

专项耐力概念虽然已被提出很多年,但是直到现在仍未对此概念的内涵和外延达成一个统一的共识。例如在《体育科学词典》中,把专项耐力的概念定义为运动生长时间持续或多次重复地完成专项运动的能力。《运动训练学》一书中把专项耐力定义为运动生有机体为了获取专项成绩而最大限度地动员机能能力,以克服专项负荷所产生的疲劳的能力。《耐力训练健康与营养》一书中提出了"竞技运动耐力"一词,认为竞技运动耐力是指运动生在完成本专项所需长时间运动的能力。基于以上关于专项耐力的界定,可以认为"专项耐力"是由"专项"和"耐力"两部分组成。然而也不难发现,在上述有关专项耐力的诸多定义中,出现了定义项包含被定义项的失误,没有对"专项耐力"的本质进行诠释。因此,此处重新将"专项耐力"定义为,运动生进行某一竞技运动时,机体抵抗疲劳并持续运动的能力,它受到肌体耐力、神经耐力和心理耐力三种因素的影响与制约。

(二)专项耐力的训练机理

人体的运动能力不可避免会受到自身形态结构、心理因素以及环境条件的限制。要想在比赛中取得优异的运动成绩,运动生就必须在生理机能、技术水平和心理素质几个方面获得最大的发展。在探讨训练机理之前,首先要明确影响专项耐力成绩的关键因素,在此基础上才能更好地探索合适而有效的训练方法。

影响耐力素质的因素有多种,这里主要讨论生物学、心理学和遗产学的影响因素,主要从外周限力因素、中枢限力因素、心理限力因素以及遗传限力因素四个方面对耐力成绩的影响因素进行研究。

1. 外周限力因素

与中枢限力因素相对应,心肺功能、内环境的稳定性、肌纤维的类型以及肌肉的横断面积统称为外周限力因素。根据物质转运理论,我们引入"转运系数"的概念来描述物质从一处运往另一处的能力。物质运输中某一环节的转运系数等于该环节中运输阻力的倒数。氧气的转运系数越大,则受到的阻力越小,氧气转运系数的大小主要取决于心肺功能的强弱;二氧化碳、乳酸及物质代谢的转运系数的大小决定了人体内环境稳态的维持,而内环境的稳定性是有机体正常运行的基础保障;同时人体体温的平衡也影响着内环境的稳定,机体总是通过调节产热率和散热率,使机体的产热量等于散热量,从而保持机体的平衡。耐力训练归根到底还是肌肉的运动,肌纤维的类型、肌纤维类型的百分比及肌肉的横断面积等都是影响耐力成绩的重要因素。由此可见,能量的供应、内环境的稳态、肌纤维类型及肌肉的横断面积,都是影响耐力成绩的决定性因素。从项群的特点角度出发,外周限力因素对于体能类项群的影响占有较大比重,例如体能类项群中的中长跑项目,拥有强大的心肺功能和良好的内环境调节机制是获得优秀运动成绩的基本保障。

2. 中枢限力因素

神经系统的专项性特征决定运动单位参与数量与类型,而神经发放冲动的强度和发放模式决定了肌肉力量大小、递增率和持续时间。各中枢间兴奋和抑制的协调,使肌肉活动节律化、能量消耗节省化以及吸氧量和需要量相对平衡化,从而能长时间保持运动。神经过程的相对稳定及各中枢之间的协调性是提高有氧能力的重要前提。研究发现,神经系统长时间在无氧环境中工作时工作能力会降低,脑细胞及其外周感受与传导系统的功能降低,从而影响了信息的处理,使主动肌、对抗肌以及协调肌间的配合紊乱,能量被不必要地消耗,内脏器官活动和肌肉活动的协调性也发生紊乱。所以,提高脑细胞对酸性环境的耐受力是耐力训练过程中一个很重要的部分,只有保证信息处理中心和命令下达中心的正常工作,人体的其他功能才得以正常运行,才能保证机体持续地运动下去。战能类项群和技能类项群中的运动项目,需要高强度的神经发放冲动和高频率的兴奋与抑制的相互转换,中枢限力因素对于此类项目影响较大一些,同时中枢机制的耐酸性对于无氧运动项目同样非常重要,而对于一些射击类项目又需要神经的高度集中。

3. 心理限力因素

影响成绩的除了身体的、技术的因素之外,心理限力因素也起到决定性的作用,然而心理训练往往没有被放在重要的位置上,这是目前体育训练过程中的一大缺憾。在高水平运动生的角逐中,最后决定胜负的关键因素往往是心理因素,所以心理训练应引起教练的高度重视。在长期艰苦的耐力训练过程中,个体的心理特征是运动生自觉努力获得最佳身体训练效果的主要决定因素。坚强的意志品质还会促使运动生在面对肉体痛苦和精神挫折时,竭尽全力地拼搏。在项群分类中,心理限力因素对战能类和技能对抗类项群的影响较大,例如射击等项目,关键时刻良好稳定的心理素质是比赛获胜的关键之所在,大型的国际比赛中高手之间的对决往往如此。

4.遗传限力因素

从人类遗传学上看,耐力性项目的运动成绩与其他运动项目的成绩一样,是复杂的多因素的集合。研究发现,人的生理、心理以及神经等的特性受遗传的影响较大,遗传因素在很大程度上决定着运动生的发展方向与发展潜能的大小。例如白肌纤维含量多的运动生适合快速运动的项目,而红肌纤维多或血红蛋白含量高的运动生则适合耐力性运动项目。从专项耐力影响因素的角度去分析耐力训练的训练机理,得出专项耐力的训练机理主要由这几部分构成:提高心肺功能及能源储备、提高机体的耐受力、提高神经—肌肉系统的协调整合的能力及培养运动生坚强的意志品质和完备的心理素质。

(三)专项耐力训练

1.体能主导类快速力量性项群

此类项目对于专项耐力的要求主要表现为,以最大强度重复完成完整比赛动作的能力,有田赛项目、举重等。训练方法为重复训练法,这是以多次重复完成比赛动作或接近比赛要求的专项练习为主的训练方法。例如在举重项目中,可以规定某一运动负荷,然后让运动生在此负荷下以标准动作尽可能多地重复完成,直至力竭。在跳高耐力训练中,要求运动生在某一高度持续完成跳跃练习。

2.体能主导类速度性项群

此类项目对于专项耐力的要求是运动生尽可能地在最短的时间内通

过全程,有100米跑、200米跑、50米自由泳、100米自由泳与100米栏等项目。

训练方法:①间歇训练法。根据项目的特点以及时间的要求,安排在一定的时间内,重复若干组,组间有间歇休息时间,放慢节奏和速度。②变速训练法。主要是长短段落变速跑,分为多种训练方式,如快慢结合跑,200米快+200米慢+150米快+150米慢+100米快+100米慢+100米冲刺跑,这样可以增强对比赛中速度和耐力结合的意识,体会如何在疲劳状态下进行高速运动。③追逐性训练法。例如,让运动生排成一路纵队快跑前进,队尾最后一人急速追赶跑向队首,然后队尾的队员再连续地跑向队首。④上下坡往返跑,下坡时候快跑,上坡时候慢跑等。

3. 体能主导类耐力性项群

此类项目对于专项耐力的要求是用尽可能快的平均速度通过全程,有800米以上竞赛项目、公路自行车、铁人三项等项目。训练方法:①持续训练法。这是一种负荷强度较低、负荷时间较长、练习过程并不中断的练习方法。持续训练法是为重点发展有氧代谢水平而提出的,该法强调一次负荷运动的持续时间较长,强度适中,心率负荷指标应在每分钟130~160次。例如在铁人三项运动中,为了发展运动生的有氧耐力,如果运动生要在10.5小时内完成铁人三项比赛,每周至少要进行11公里的游泳、320公里的自行车和65公里的跑步训练来加强体能。②高原训练法。此方法是在高原上进行耐力训练的一种训练手段。我国建立了中度高原训练基地,并把高原训练作为大赛前的重要训练手段,取得了显著的训练效果。中度高原空气密度只有海拔平面的77%,氧含量只有平原地区的3/4左右,氧分压大于平原地区的20%~25%。当运动生在这样的环境下进行训练时,由于"调节适应期"产生应激,呼吸频率和心率加快,溶解在血管里的部分氧气受低气压的影响不易被身体吸收,使得血管体积增大、血管扩张、血管壁增厚、血管变粗、通过的血量增多,从而更好地锻炼了心血管系统,提高了最大摄氧量和血色素浓度,增强了耐受乳酸的能力。

四、专项柔韧训练方法

(一)概念界定和分类

从物理学的角度来看,柔韧素质指的是物体在受力变形也不容易折断的性质;从解剖学的角度来看,柔韧素质指的是人体关节活动幅度的大小以及跨过关节的韧带、肌腱、肉、皮肤或其他组织的弹性和伸展能力。关节的活动幅度与关节本身的结构密切关联,而跨过关节的肌肉、肌腱、韧带等软组织的伸展性,通过先天遗传和后天训练可以得到一定的改善。综合柔韧素质所包括的两个方面,我们可以得出一个结论,柔韧素质就是人体通过先天遗传获得的关节活动幅度的大小,以及通过后天训练获取的关节周围软组织的伸展能力。

柔韧素质可以分为两种,包括一般性柔韧和专门性柔韧。一般性柔韧是指运动生在进行各种运动项目时所必须具备的柔韧素质,这种柔韧素质能够帮助他们顺利将训练项目进行下去。例如,球类运动生在进行速度方面的练习时,加大步幅需要一定的腿部柔韧性。专门性柔韧是指专项运动技术所需要的柔韧性,即专项柔韧。例如,游泳运动生在进行比赛的时候需要肩、腰的大幅度活动。专门性柔韧需要以一般性柔韧作为基础。在实际情况当中,柔韧性质基本很少有选择性,所以在不同的运动项目中可能会需要同一部位所具备的柔韧性,只是对这种柔韧性的需求大小可能会有所不同。

(二)专项柔韧的训练机理

许多因素都能够影响人们的柔韧素质,比如人体本身的特征、心理因素以及当前所处在的身体状况等。其中包含以下五个方面。

1.肌肉、韧带组织的弹性

影响柔韧素质的最关键因素是肌肉与韧带组织的弹性,这种因素受到遗传的影响,但由于男女性别、年龄特征等方面的不同,也会有微妙的不同。中枢神经系统也会对柔韧素质造成一定的影响,让肌肉的弹性出现较为显著的变化。比如,当人们在比赛中处于情绪高涨的状态,柔韧性便会提高。

2. 关节的骨结构

在影响柔韧性的诸多因素中,关节的骨结构这一因素是最稳定的因素,基本上只受到遗传的影响。虽然可以通过训练使骨结构产生一定的变化,但这种变化有一定的范围,只会表现在关节内软骨形态的变化上,并且有一定的局限性。

3. 关节周围组织的体积大小

关节活动会被关节周围组织体积的大小所限制。关节周围组织体积同时受到先天遗传和后天训练的影响,如果关节周围组织体积增大,则会影响柔韧素质的继续发展。

4. 神经活动过程特点

神经活动是指兴奋与抑制的转换过程。这一转换过程的灵活性会影响运动活动中肌肉的基本张力,尤其会在中枢神经系统调节对肌肉紧张和放松的调节中得到具体的表现。神经活动过程分化抑制的发展程度会影响运动生随意放松的能力,因此神经活动过程与柔韧素质同样有紧密联系。对抗肌之间的对抗程序会受到神经系统的影响,在这样的正面影响下,肌肉的调节能力能得到一定的提高,这也就使柔韧性能够得到更好的表现。

5. 心理紧张度

心里紧张度同样会影响柔韧度,这是因为运动生所表现出来的心理变化会通过中枢神经系统、体液调节等影响有机体的各个部位。如果过分紧张,神经过程会从兴奋转为抑制,这就会导致各部分无法做到最佳的协调,影响柔韧性的体现;反之,如果运动生能够处于一个放松的心理状态,柔韧性便能更好地表现出来。

(三)专项柔韧训练

通过多种不同的训练都可以达到提高专项柔韧的目的,每个训练项目都有不同的训练方法,但一般在同一运动项群中,训练方法也会相互借鉴,现按不同项群介绍针对这一运动项目专项柔韧训练方法。

1. 技能主导类表现健美性项群

这一类项目对于专项柔韧的要求是,需要运动生拥有能够通过比赛动作呈现出美感并且减少自身损伤可能的能力。例如体操、花样滑冰、花样游泳等项目。运动生练习柔韧素质有两种方法,即主动和被动,也被称为积极和消极。主动柔韧练习是指通过与某关节有关肌肉收缩来增加关节灵活性的方法。这一方法与专项动作的表现形式基本一致,在体操动作之中很容易体现出来,但想要在之前的基础上得到进一步提高会比较困难。被动柔韧练习顾名思义,需要借助外力的作用来达到关节灵活性增大的目的。这一方法能让运动生的柔韧指标迅速提高,但会带来比较大的痛苦。这两种方法各有优劣,一般来说,运动生会选择结合使用。

(1)体操运动生柔韧素质训练方法

体操运动生柔韧素质训练方法包括:①单人或双人的各关节伸展练习;②采用各种方式、方法拉长肌肉、韧带、肌腱等结缔组织,如甩腰、吊腰、劈叉、压腿、踢腿等多种训练方法;③专项动作模仿练习,如大幅度振摆、后软翻、吊环后转肩等。

(2)体操运动生柔韧素质训练负荷

体操运动生柔韧素质训练负荷包括:①练习强度开始以中等强度为宜,最后可达80%以上;②练习时间每次可控制在10~20秒,时间不宜太长;③间歇应使运动生完全恢复,可做积极性放松活动;④重复次数5~10次;⑤练习次数3~5组为宜。

2. 技能主导类隔网对抗性项群

这一类项目对于专项柔韧的要求是,需要运动生在完成每个技术动作的同时,增加动作的幅度,避免受伤。例如,羽毛球、乒乓球、网球等以个人为主的运动项目。以乒乓球举例,乒乓球运动所需的柔韧素质主要体现在动力柔韧性,即肌肉、肌腱、韧带根据动力性技术的需要,拉伸到解剖学允许的最大限度能力,随即利用强有力的弹性回缩力来完成所要完成的动作。此外,静力柔韧性是肌肉、肌腱、韧带根据静力性技术动作的需要,拉伸到动作所需要的位置角度,控制其停留一定时间所表现出来的能力。

柔韧素质的训练方法有两种,即主动或被动形式的静力拉伸法和主动或被动形式的动力拉伸法。这两种训练方法的特点都是在拉伸作用下,有节奏地逐渐加大动作幅度或多次重复同一动作,使软组织逐渐或持续地受到被拉长的刺激。

(1)主动或被动的静力拉伸

主动或被动的静力拉伸是指缓慢地将肌肉、肌腱、韧带拉伸到酸、胀、痛的感觉位置,并略微超过,然后停留一定时间的练习方法。这种方法可以减少或消除超过关节伸展能力的危险,防止拉伤。由于拉伸缓慢不会激发牵张反射,一般要求在酸、胀、痛的位置停留8~10秒,重复3~5次。

(2)主动或被动的动力性拉伸

主动的动力性拉伸方法是靠自己的力量拉伸,被动的动力性拉伸方法是靠同伴的帮助或负重借助外力的拉伸,但外力应与运动生被拉伸的可能伸展能力相适应。采用有节奏的、速度较快的、幅度逐渐加大的、多次重复一个动作的拉伸方法时,用力不宜过猛,幅度一定要由小到大,先做几次小幅度的预备拉长,然后再加大幅度,以免拉伤。每个练习重复3~5次。

具体动作是:①双人搭肩,躯体压肩。两人面对面站立,距离适中,手扶对方肩,做前屈压肩练习。也可做单人压肩练习,身体面向球台或肋木,双手扶球台或肋木做双手压肩或单手压肩练习。②并肩站立,手拉手同时做侧弓步。③双人背向拉肩练习。双人背手站立,背向两手拉住,同时向前做弓箭步前拉。④三头肌头上伸展。站立并抬臂向上伸展,屈肘用另一只手抓住肘部,向内、向下牵引直至上臂后侧肱三头肌感到伸张为止。牵引持续7~10分钟,保持身体不前倾。要注意,双臂向后伸展不能过度。⑤内收肌水平牵引。成坐姿或站姿,将一只手臂搭在身体异侧肩上,用另一只手臂推压肘部横向牵引,持续7~10秒,用另一只手臂重复这一动作。一只手臂搭在身体一侧的肩上时可伸直手臂内转,手心向外,拇指指向地面,用手臂推压肘部,牵引肩背肌群即可达到伸展目的。⑥举臂。双臂身前平举,手心向上。用一只手向后、向下伸展腕关节,持续7~10秒,重复3次;向前、向上伸展,腕部保持7~10秒,重复3次。之后换另一只手臂重复一组练习。⑦身前直臂重复练习。掌心朝下,用一只手向前、向下伸展腕关节,持续7~10秒,重复3次,之后换另一只手向前、向下伸展腕关节,持续7~10秒,重复3次。⑧借助同伴压肩振臂练习。练习者并腿坐在垫子上,臂上举,同伴在背后一边向后拉其双手,一边用脚蹬练习者肩背部,向后拉肩振胸。⑨正、侧压腿练习。前后左右劈腿练习,可独立前后振压,也可以将腿部垫高,由同伴帮助下压。

3. 体能主导类快速力量性项群

此类项目对于专项柔韧要求主要是,增加肌肉的弹性,加大关节活动幅度,保证在完成技术时进行大幅度的动作,有利于提高节奏控制能力、动作的高度协调性,以及能够防止受伤,起保护作用。如投掷、跳跃类运动。

以投掷类为例,投掷类项目的柔韧性训练基本上采用拉伸法,分为拉伸法和静力拉伸法。在这两种方法中都有主动、被动拉伸两种不同的训练方式。身体的各个环节肌肉、关节的主动和被动的大幅度伸展和牵引练习通常安排在准备活动和主要练习之间,具体训练内容根据运动生个体情况而定。

一般采用肩关节柔韧练习、徒手和带重物做两肩向前或向后的绕环练习、徒手压肩等。腰部和髋部练习采用站立前屈、俯卧背伸、转体、甩腰及绕环、交叉步跑、正面大步转髋、负重弓箭步走等。不仅要加强柔韧性,还要注意发展各个环节的伸展性和肌肉的弹性,根据专项特点,优先发展肩部和躯干部位的柔韧性,柔韧性练习必须经常进行。

第二节 体型体态训练方法

在体育训练过程中,形体训练和联系的基石是形态美的相关基础性动作,这些基础性动作在形体锻炼和训练中表现出其重要性特征。形体训练中的相关基础性训练的奠基石是人体科学,这些训练主要呈现出形体练习者身体形态中相对专门化和系统化的练习表征。形体练习者通过这些专门和系统的练习,能改变其身体体态,使原始身体体态呈现出优美性和灵活性表征,具体表现为练习者的站立型等仪态的变化,这种好的变化还包括练习者的头部姿势。

感知觉呈现在人体的运动过程中,在体育训练实践过程中,训练者或运动者需要格外关注其身体所表现出的感知觉。通过系统的、专门的练习,练习者会对正确或者错误的形态动作训练产生肌肉记忆,通过这些记忆,练习者的自我判断和自我控制等能力能得到有效的提升。针对错误的肌肉记忆,练习者要多克制自己的身体形态产生的错觉,形成正确的自我意识,使身体形态的记忆保持正确的状态。经过这些意志训练以及相应的克制,使训练者产生体型和体态训练的良好习惯。[①]

一、脚和腿的基本动作

(一)自然站立

站立在整个仪态中是有其独特的基本特性和重要地位的,在形态训练实践中,站立是形态训练和联系的基石,正确的站姿训练能使形体训练者的站姿仪态呈现出优美的态势,所谓"站如松",端庄挺拔。正确的站立练习动作为:①双足后跟收拢,两脚尖距离为15~20厘米,两脚之间承受身体的重心;②练习者收紧臀部,收腹部、立腰、挺胸;③练习者的颈部保持平直,下颌略微收缩,头部保持平直;④练习者双臂保持自然下垂态势,手势略圆,保持面部表情的自然放松。

---

① 吕东亮.体育训练理论与方法研究[J].当代体育科技,2018(26):35-36+38.

（二）开立

在上肢训练实践中,两腿保持开立状态的时间呈现出其居高性,主要是为了身体重心的保持和稳定。自然站立是开立的基石,以两脚之间距离的调整度为重心。正确的开立动作表现为:①双脚尖呈外八字分开态势,距离参考练习者的肩宽;②练习者的脊柱需要呈现挺直状态,挺胸、立腰、收复等同站立要求;③此刻练习者的身体重心呈现的是向上态势,双肩呈现的是下沉态势。

（三）脚点地立

脚点地立是指体态体型训练者的单脚承受着整个身体重心时,使练习者身体的稳定性和控制力呈现出提升态势的一种训练手段,它主要的练习策略需要放在对身体的有效控制和练习者上肢的仪态保持上。其正确的动作要领为:①单脚站立,另一只脚分别向前、后、侧伸出,脚尖需要着地轻点;②前后两次的脚尖着地轻点需要绷直、脚面需要向外;③在侧面点地时,脚尖需要呈现绷直状态,脚面需要呈现向上的态势。

（四）芭蕾舞脚位

芭蕾舞脚位的动作要领为:①一位脚,练习者的双脚需要呈现出一字线状态,即练习者脚跟并拢,两脚脚尖向外打开成一字线;②二位脚,脚跟同一位脚,但是两脚之间须呈现一脚的间距;③三位脚,练习者脚尖呈现外八字状态,前脚外侧与后脚内侧相互重叠约半脚的距离;④四位脚,双角尖呈现外侧打开状态,两脚间需保留一脚间距,前后呈现平行状态;⑤五位脚,练习者脚尖呈现外侧打开状态,双脚前后平行相互重叠相依。

二、手臂的基本动作

（一）两臂同方向的举

双臂同方向的举的基本动作要领为:①前举,练习者掌心可以呈现向下、向上或相对的姿态,双臂向前举至水平状态,距离参考练习者肩宽;②侧举,练习者掌心可以同前举姿势,双臂向两侧抬至水平状态;②上举,练习者掌心向前或者呈现相对态势,双臂上举至与身体垂直状态;③上前举,练习者掌心朝上或者朝下均可,双臂向前抬升至与肩部(上)呈45°角;④下前举,练习者掌心朝上或者朝下均可,双臂向前抬升至肩部下方45°角;⑤掌心动作同上前举,双臂呈练习者侧方抬升至肩上45°角;⑥掌心动作同下前举,双臂呈练习者侧方抬升至肩下45°角即可。

(二)两臂不同方向的举

练习者手臂举的动作要保持正确的方向,练习部位要尽量保持伸直状态,肩部动作要尽量呈现轻松状态,练习者的身体态势同站立动作的基本要领。双臂不同方向的举具体要领为:①练习者一臂呈现前举状态,另一臂呈现前上举态势;②练习者一臂呈现前上举状态,另一臂呈现后下举态势;③练习者一臂呈现侧上举状态,另一臂侧呈现下举态势;④练习者一臂呈现后上举状态,另一臂呈现前下举态势。

(三)芭蕾手臂的基本位置

芭蕾手臂的基本位置要领为:①一位,练习者掌心朝内,双手指尖相对,双臂在身体前呈现弧形状态;②二位,练习者掌心姿势同一位,双臂保持弧形前举状态,比水平位置略低即可;③三位,练习者掌心呈向内姿势,双臂保持弧形上举状态,呈现稍偏前态势;④四位,练习者双臂呈现弧形状态,一臂保持上举状态,一臂呈现前举态势;⑤五位,练习者双臂呈现弧形状态,一臂呈上举姿势,一臂呈侧举姿势;⑥六位,练习者两臂呈弧形状态,一臂呈前举姿势,一臂呈侧举姿势;⑦七位,练习者的掌心向下,双臂呈弧形侧举状态。对于芭蕾手臂的练习来说,手臂的基本位置一定要呈现正确的态势,双臂需要一直呈现弧形状态,手型圆,身姿优美、挺拔,练习者的视线需要跟随手部的动作而转移,同时保持肩部的放松状态。

三、形体素质练习

力量练习、柔韧练习、控制能力练习、耐力练习等,都隶属于形体素质练习的内容,形体素质练习是形体健美练习的重要保证。好的形体素质练习能使练习者的肌肉群力量和弹性呈现增高趋势;使练习者的身体柔韧性呈现增强态势;使练习者的身体协调性呈现优良状态;使练习者的身体姿势的形成呈现好的构建态势。

（一）练习一

热身后的预备姿势具体为练习者坐撑，双臂延展伸直。其具体动作为：①练习者双臂同时慢速后举至最大限度，保持时间5秒。②练习者上体前屈，保持时间5秒后上体还原为预备姿势。其具体要求为练习者双臂须伸直后夹肩，在练习者身体前屈时，双臂后举需要保持练习者身体的最大限度。

（二）练习二

热身后的预备姿势具体为练习者仰卧，双臂斜向上举。其具体动作为：①练习者通过腰胸发力带动上体离地，双手臂在身后支撑；②练习者身体前屈进行压腿动作，同时双臂经侧摆至向后举；③练习者还原为预备姿势。其具体要求表现为发力的重点在练习者的胸腰，手臂不要用力支撑；练习者身体前压时，腹部要求要尽可能贴近其大腿。

（三）练习三

热身后的预备姿势具体为练习者跪撑，双腿合拢。其具体动作做法为：①练习者重心向后转移，双臂向前撑；②练习者上体向前推移，胸部、腹部、胯部按顺序贴近地面成俯撑；③练习者再按原动作秩序进行还原，回归成预备姿势。其具体要求表现为练习者在推移的过程中要始终保持胸部直挺，按标准抬头。

第三节　高校日常跑、跳、投训练方法

人天生就拥有一些运动能力，具体是以跑、跳、投等运动形式来展现。如果能够在生长发育的过程当中使用正确的锻炼方法，那么我们的这些运动能力就能得到一定的提高。人们能够在正式的各种田径运动项目中体现出自己的跑、跳、投等运动能力，而人们平时在健身的时候，也会采用跑、跳、投的运动方式。在学生时期，上述所说的这些运动方式也能够使学生的体能得到一定的提高，让学生的各方面身体素质如耐力、速度、力量等得到全面而均衡的发展。

一、跑的锻炼方法

在人们的日常生活当中,最常见的一种锻炼方式就是跑步。由于跑步几乎对技术没什么要求,也不需要特殊的场地或者器械,所以成了最方便的一种锻炼方式。跑步主要包括短跑、中跑、长跑、越野跑和跨越障碍跑等。练习短跑能够提高人体的反应速度及肌肉力量等身体素质,神经系统的灵活性可以在练习的过程中逐渐提升;长跑主要能够锻炼耐力,还能够改善心肺功能。大学生坚持长跑锻炼,在这一过程中能够培养毅力和良好的意志品质。在学会跑步之前还需要学会竞走,下面先以走的锻炼开始对跑的锻炼方法进行阐述。

(一)竞走的热身锻炼

在正式的田径运动比赛中,少不了竞走这一项目的身影,同样在人们的日常生活中,各种方式的健身走也是大家所采取的锻炼方式之一,如大步向前走、倒退走、足尖走等。短距离的快步走使腿部动作的协调性、肌肉的柔韧性和平衡能力都得到一定的提高;而长距离的行走锻炼则跟长跑一样可以改善人体的心肺功能、锻炼耐力,更重要的是能够激发运动者的参与动机,让运动者能够充分享受运动的乐趣,养成长久的锻炼习惯。

健身走有各种各样的方式,采取不同方式进行健身走会带来不同的好处。因此,在健身走的锻炼过程中,不必拘泥于同一种动作,将几种方式结合起来锻炼,能对身体的各个部位起到锻炼的作用,以下是几种常用的健身走方式。[1]

1.大步向前走

动作要领:挺胸抬头,眼睛直视前方,两臂以放松的姿态前后摆动,与双脚迈步的频率形成一定的协调配合,大腿稍高抬,小腿自然放松,膝关节与脚尖正对前进方向,脚跟先着地并过渡到全脚掌,支撑末期前脚掌积极发力。

---

[1] 吕晓林,胡琼.高校体育运动爆发力训练方法分析[J].体育世界,2019(08):1+5.

2. 倒退走

动作要领：眼睛直视前方，偶尔向侧边转头，挺胸立腰，两臂放松靠在体侧前后摆动，髋关节与大腿处于放松状态，膝关节积极弯曲抬腿，前脚掌先着地并过渡到全脚掌。

3. 足尖走

动作要领：头部动作按照正和直的标准，目视前方，挺胸立腰，两臂放松并前后摆动，膝关节与脚尖正对前进方向，脚跟离地，保持前脚掌着地。

4. 足跟走

动作要领：头部动作按照正和直的标准，目视前方，挺胸立腰，上体略向前倾，两臂自然前后摆动，膝关节与脚尖正对前进方向，前脚掌离地，保持脚跟着地。

5. 弓箭步走

动作要领：抬头挺胸，眼睛直视前方，双手呈叉腰状态，两腿前后呈弓步站立，膝关节与脚尖正对前进方向，上体直立不左右或前后倾斜，身体重心保持平稳状态，双腿交替走成弓步。

6. 侧身交叉步走

动作要领：以左侧对向行进方向为例，右腿经左腿前向左侧迈进，左腿跟着向左侧跨一步，右腿再经左腿后向左侧迈进，左腿再向左侧跨一步，如此交替进行，双臂在体侧保持放松状态并自然摆动。

7. 半（全）蹲走

动作要领：降低身体重心，呈半蹲或全蹲姿势，上体直立或稍前倾，两臂自然弯曲或叉腰，尽量迈大步向前走。

8. 变速走

动作要领：基本按照大步向前走的动作要领，自主控制行走速度，疾走与慢走两种方式交替进行。

（二）快速跑

快速跑就是人们常说的短跑。短跑具体包括四个阶段，分别是起跑、加速跑、途中跑和终点冲刺跑。在进行短跑项目的时候，通常在起跑时会采用蹲踞式起跑，在平常的锻炼中，也可以采用站立式起跑或者在行走中直接进入加速跑这一阶段；加速跑要求在最短时间内达到较高的跑速，这一期间步频需要加快，步幅需要加长，进入途中跑；途中跑需要继续提高跑速并且将这样的高跑速维持下去；终点冲刺跑的要点在于尽快以躯干接触终点线垂直面。

（三）有氧跑

在有氧跑的锻炼过程中，躯干正直或稍微前倾，两手呈半握拳的状态，两臂自然弯曲于体侧，以肩为轴贴着身体前后摆动。下肢技术包括后蹬、前摆、腾空、着地缓冲四个阶段，需要注意的是，着地缓冲的时候应该前脚掌先着地，接着过渡到全脚掌着地。口鼻同时呼吸，呼吸节奏一般采用"三步一吸，三步一呼"或"两步一吸，两步一呼"。遇到"极点"时，按照自身情况调整呼吸的节奏、跑速，使跑速、摆臂与呼吸相配合。

二、跳的锻炼方法

在跳跃这项运动中，人们需要利用自身的能力或者借助一定的器材，通过某种运动形式来达到克服重力作用的目的，使人体达到尽可能高或者远的距离。按照身体的不同运动方向，可以将跳跃练习分为高跳练习和远跳练习。而在跳跃的竞赛项目中，完整的跳跃基本是包括四个阶段，即助跑、起跳、腾空、落地。

（一）高跳练习

1. 直腿跳

动作要领：原地站直身体，双腿同时蹬向地面，以踝关节为轴，尽量不要弯曲膝盖向上跳，连续不间断进行跳跃，两臂协调配合跳跃进行摆动。

2. 深蹲跳

动作要领:双脚自然开立,完全蹲下身子,双腿同时发力蹬向地面,向上跳起,两臂自然向上摆。落地时前脚掌过渡到全脚掌缓冲着地,还原成完全蹲下身子的状态,连续做下一次。

3. 团身收腹跳

动作要领:最开始呈原地半蹲的姿势,从这种姿态跳起,两腿并拢,屈膝团身,大腿尽量触及胸部,两臂协调配合摆动。落地时前脚掌过渡到全脚掌缓冲着地,还原成最开始的半蹲姿势,进行连续练习。

4. 原地纵跳摸高

动作要领:原地半蹲,两臂迅速往上摆动,两腿用力蹬地伸长并向上跳起,单手尽量摸空中固定物体,进行连续练习。

5. 助跑摸高

动作要领:助跑三到五步,单脚或双脚起跳,摆动腿迅速上抬,双臂向上摆动,单手尽量摸空中固定物体,进行连续练习。

6. 原地连续换腿跳台阶

动作要领:台阶齐膝高或略低于膝,一腿踏在台阶上,另一腿支撑于地面,两腿蹬地向上跳起,连续交换腿。

7. 跳深

动作要领:站在60~100厘米高的跳箱或高台上,两腿并拢跳下,着地后立刻跳起,越过前方栏架。

8. 跳越栏架练习

动作要领:栏架高70~100厘米,栏间距1米,共6~10个栏架。双腿起跳,连续越过栏架。

(二)远跳练习

1.单足跳

动作要领:单腿连续向前大幅度远跳,或者较快频率小幅度远跳,两臂前后摆动配合。

2.跨步跳

动作要领:一腿用力蹬地,摆动腿积极前摆,在空中形成大跨步,并保持较长滞空时间,接着摆动腿迅速着地,为下一次跨步跳动作做准备。

3.单足换腿跳

动作要领:左腿单腿向前跳一次,接着右腿上步交换单腿向前跳一次,依次轮换进行。

4.连续兔跳

动作要领:全蹲,两手体后互握,身体正直,两腿用力蹬地向前跳进,连续练习。

5.连续蛙跳

动作要领:半蹲或深半蹲开始,两臂前摆,两腿蹬地向前跳出,接着尽量收腹举腿,手臂后摆,双脚前伸,足跟落地缓冲,然后过渡到下一次跳跃,连续练习。

6.立定三级跳

动作要领:原地分腿站立,两腿同时用力向前跳起,第一跳为单腿跳,第二跳为跨步跳,第三跳两腿迅速并拢收腹举腿前伸落地。

三、投的锻炼方法

投掷是人体利用自身的能力,通过一定的运动形式,将手持的器械向前投出,并尽可能掷得更远或击中目标。

(一)单手投掷

1.原地侧向掷

动作要领:侧对投掷方向,两脚左右开立,左(右)在前,身体左(右)侧对准投掷方向。右(左)手握器械向侧后方引伸,右(左)腿微曲,然后右(左)腿蹬地、送髋、转体、挥臂,将器械经肩上向前上方掷出。

2.原地侧向推

动作要领:两脚左右开立,左肩侧对投掷方向,右手持器械于颈部。上体向右转动,同时弯曲右腿,重心落于右腿上,上体与左腿基本成一条直线。然后左腿支撑,右腿蹬地转髋,带动躯干,以左肩为轴向投掷方向转动。当上体转向投掷方向时,快速完成推器械的动作。

3.上步投

动作要领:两脚左右开立,面向投掷方向,右手持球于颈部,左脚上前一步成支撑,身体随之向右转体成原地侧向推球姿势,紧接右腿快速蹬地转髋,躯干转运完成推球动作。

4.交叉步投掷

动作要领:两脚左右站立,左肩侧向投掷方向,右手持器械于肩上方,右腿从体前向左侧方向迈步落地,接着左脚向侧再跨步,如此连续3～5步,然后右腿蹬伸,左腿撑地,手臂用力将器械向前抛出。

(二)双手投掷

1.双手前抛球

动作要领:预备时两脚左右开立,双腿略曲,面对投掷方向,双手握球于头上方,身体成反弓姿势;投掷时双腿快速蹬伸,上体迅速前移,带动手臂向前上方抛球。可以结合上步进行练习。

2.原地后抛球

动作要领:两脚左右开立,背对投掷方向,双手握球于头上方,投掷时两腿弯曲,双手持球下摆于大腿内侧,然后两腿快速蹬伸,躯干后摆,双臂用力将球向后抛出。

3.原地转体侧摆抛

动作要领:两脚左右开立,背对投掷方向,双手握球于体前。投掷时先持球向投掷方向异侧预摆,然后迅速向投掷方向转体,带动手臂将球于肩侧上方抛出。

第五章　高校体育训练模式

第一节　高校体育训练新模式

随着我国教育的不断发展,我国的教育改革也在持续进行,大学是教育的最高学府,也是国家人才的重要培养基地,因此对于高校的课程改革需要认真对待。体育作为学生增强体质的健身课程,对学生的健康发展具有十分重要的作用,体育教学不应再采用传统教学模式,而应在新时代的背景下,努力创造适合教学的新模式。体育课程的主要内容就是进行体育项目的训练,所以探究创建新的训练模式才能促进体育在未来的发展。

一、优化体育教学模式

体育是一项参与性的活动,素质教育离不开体育教学的参与。体育教学是素质教育的基本内容,学校只有让它和思想道德、科学文化、劳动技能等形成有机的统一体,才能体现素质教育的教学宗旨。就体育教学而言,优化体育教学模式,就是使体育教学重视培养学生对体育的兴趣,让学生了解体育的功能以及体育在人才成长发展和自我完善中的重要性和必要性;使学生确立科学的学习目标和良好的学习动机,端正学习态度,从而养成自觉锻炼身体的习惯;促使学生根据自己的实际情况,贯彻全民健身纲要,利用在校时间学会一两种终身体育锻炼方法,树立终身体育锻炼意识,让体育训练真正起到增强体质,促进学习的作用。俗话说,兴趣是一个人的学习动力来源。有了学习的兴趣,那么在进行学习时就不容易感到疲累,进而处于高效率的状态,做事情也就很顺利。然而兴趣不是天生的,是要靠人们的后期培养产生的,所以教师更应该做到身先士卒,在进行体育体质锻炼时培养学生的运动兴趣。这样看似与体质的改变无关,但当学生有了锻炼的热情之后,他们的体质会不由自主地受到影响。既要在教学模式上做出改变,也要对学生进行思想教育,这样的话既可以保证学生能真正进行体育锻炼,又可以从思想上培养学生锻炼的意识,学生会在未来的学习道路上将其作为缓解压力的手段,真正发挥体育的功能。不要抱着守旧落后的教育理念不放,只有大胆革新才能培养出更加健康的人才。

很多体育教师都不关注体育训练的娱乐性,在体育课上总是强迫学生训练,对于课上的体育训练了解得也不够全面,认为体育训练无非就是加强体能训练,平时练习长跑,做好体能训练。在这种训练模式下有的学生认为体育训练对体育课并没有多大作用,自己平时注意锻炼身体就可以达到提高自身体能的效果。总而言之,学生对体育课的认识还很片面,对总体缺乏有效认知。体育教师要引导学生发挥主观能动性,去了解各个专业所需要的身体素质和能力,了解实用性体育对自身的帮助,掌握科学的体育训练方式,才能最终将体育精神传承下去。

二、运动训练分析

提高学生的思想道德素质是全面推进素质教育的一个主要方式,对于体育竞技而言,更是如此。高尚的思想道德品质对于体育技能的学习是一种动力,有助于营造良好的学习氛围。在体育运动中,学生不仅可以加强道德学习,也能学习一些技术与战略。因此,在体育教学中要渗透思想教育,以便体现体育教学的特色,培养学生在成长中需要的坚韧品质。关于体育教学的研究有很多,对学生进行体育教学的目的也渐渐形成一种定势,即全面提高学生的身体素质。但在体育教学思想的认知上,不应再将其放在公共体育范畴之内,不应只进行一般性考察而不进行专门研究,而应把体育教学作为一门重要的学科,让健康体育得到高度重视,将体育教学的特色建立在健康的基础上。当代许多大学生都缺乏日常体育运动锻炼的自觉性,对自身身体素质的管理也没有科学的理论知识的指导,在这种情况下,大学体育课程的设置应以一种看似强制性的教育行为潜移默化地引导学生加强日常锻炼、促进身体机能的活化,这个过程可以使一部分学生爱上体育锻炼并逐渐养成日常锻炼的好习惯。在日常的体育课程教学中,教师根据学生所选择的运动项目对其进行专项化训练,引导学生做好运动前的热身活动,进行专项体能训练、肌肉拉伸活动等教学活动。一个学期每周的体育课程学习下来,学生的身体素质在一定程度上得到了提高,这是大学体育课程设置的本质体现。对于高校体育训练的改革,一方面,教学内容是教学目标得以实现的载体,在不断适应现代社会发展需要的过程中,教学目标在不断优化;另一方面,教学目标决定着教学内容的选择,教学内容要根据教学目标和教学任务来确定,这充分体现了体育教材的针对性和时效性。在课程改革中,教育部对学校的体育课程进行了细致补充,增加了部分体育项目,明确了体育课程作为大学公共课程的重要性。这样既保证了学生在体育课上的训练热情,也对高校体育的教学提出了新的要求和标准,只有在符合社会需求的教学中才能将高校体育发展得更好。

三、体育训练新模式

第一,教学内容纵向延伸。目前来看,体育教学除个人体质的提升之外,还要注重让学生掌握专业锻炼技能。例如,通过体育专业性、针对性的练习来提高学生的身体素质,并侧重某一方面的训练,如注意力、集中力、专注力等,这会使学生在日后的职业工作中有极好的耐力,更有助于学生提高以后在岗位上的专业能力,从而更好地适应工作需要。第二,教学内容学科跨越。高校体育课程设置应该与专业形成内在联系,而不能与其他专业类似单纯地强调集体锻炼、素质提升,应该形成"运动+专业"的组合形式,设立以人类基本活动为中心的综合性课程,让学生可以了解不同运动对未来工作的益处。在体育训练新模式中,教师应做到以下四点。

(一)多说一些鼓励夸赞学生的话语

大学生都想成为让教师刮目相看的好学生,所以学生会尽自己最大的努力把一些事情做到最好,做到极致,然后希望能得到教师的夸赞。然而,如果他们没有接收到教师喜欢他们或者欣赏他们的信息,他们就会产生强烈的挫败感,进而会失去自信心,然后对周围的一切感到畏惧,不敢去尝试,不敢去做自己喜欢的事情。所以教师要时不时地多说几句夸赞学生的话,这也就相当于在培养学生的自信心。学生有自信后,会尽情地绽放自己、锻炼自己。

(二)根据每个学生的特点,鼓励学生去做适合自己的运动

现在的学生好胜心较强,都想成为同龄伙伴中的焦点,如果有一个人不去接近这个群体,就会显得不合群,也许会被其他学生孤立,这不仅对学生未来的发展没有帮助,而且在一定程度上对学生会造成伤害。所以,在体育教学中教师应该根据每个学生的特点,激励他们去做适合自己的运动。这样每个学生都可以在体育课堂上展示自己的强项,有助于学生自信心的建立,进而对学生的体育锻炼产生帮助。

(三)利用奖罚制度促使学生做好体育锻炼

学生在体育课堂上每一次良好的表现都应该获得教师的夸赞和表扬。教师对学生的一句肯定的话语,会在学生心中荡起一阵阵涟漪。这种教育方式是比较有效的,比较人性化,既不会打击学生,也能对促进教师与学生之间的关系有所帮助。采取奖励制度去激励学生,有益于学生积极性的提高。当然有了奖励制度,也要有惩罚制度。然而这种惩罚不同于体罚,而是用一种比较轻松愉快的语气,去指出学生所犯的错误,或者做得不太理想的地方,然后指导学生去改正。学生面对这种情况,会在心中激起自己的斗志,然后不断地鞭策自己,争取做到最好。

(四)在布置课堂训练任务时激励学生

在体育课堂上,教师在给学生布置任务时,一般不要用命令的语气,因为这样容易激起学生的叛逆心理,学生不易与教师配合。而且如果是

比较复杂的任务,学生完成起来也就会很吃力。如果教师采用强制的语气和严厉的手段,势必会打击学生的自尊心,学生的积极性也会下降,所以给学生营造一种比较轻松的氛围非常重要。教师可以用朋友的口吻问:"今天的知识有些难,大家都学会了吗?大家都掌握了吗?"这样不仅会让学生很乐意去完成任务,还可以让那些完成这项任务很困难的学生去和其他同学交流,进而成功地完成这项任务。

  高校体育教师要在教学实践过程中,加强对体育课程的研究,结合经验所得,有针对性地对学生进行体育能力教育,满足学生发展的需要。应结合《体育与健康课程标准》的目标体系,将提高学生身体素质,进行高校体育教育创新,改革教育课程,将全面贯彻落实"以人为本"观念作为重中之重,全面树立学生对实用型体育的正确认识,努力培养学生胜任社会工作的能力。开创新的体育教学模式对于我国大学生的发展来说是一个重要保障,在社会改革的大背景下,我国高校的体育训练也需要进行改革,传统的训练方式不再符合当代教育的发展理念,也无法满足学生对于体育运动的需求。这就要求高校体育教师在课前制订训练计划时,做好新的教学方案,努力调动学生的学习热情,尽可能地帮助学生消除对运动训练的反感,这样才能提高学生的训练水平,提升教师的教学质量。

  随着教育的不断改革,教育部门越来越重视学生的综合素质,所以体育教学也越来越被重视。想要让大学生对体育产生兴趣,让体育教师的课堂效率提高,应采用激励的教育方式教导学生。因为学生一般更喜欢表扬。如果体育教师想和学生建立良好的师生关系,太严厉是不会达到良好的效果的,而是用比较缓和的语气比较好,这样会达到事半功倍的效果。激励学生不仅会让学生对体育这门学科产生浓厚的兴趣,还会增强学生的自信,而且对学生未来的发展也会有深远的影响。

第二节　高校体育教学引入拓展训练模式

  所谓拓展训练,又被称为拓展运动、外展训练,在英文翻译中,它的意思是说,一叶扁舟开始离开安宁的港湾,行驶于未知的海域,不断接受前所未有的挑战。近些年来,拓展训练模式不断应用于高校课程中,尤其是体育课程。

一、应用拓展训练模式的意义

(一)培养高校学生强大的心理素质

心理学家认为,人在受到一定的打击后所展现出来的自我修复与自我适应能力即自己的心理素质。拥有强大心理素质的人,注定能不断接受好的与坏的结果,并不断在其中迎来自己的成长。显然在拓展训练中,许许多多训练项目都能培养训练者的心理素质,提高其抗压能力,使其更好地在这个社会中得以发展,形成逆流而上的顽强拼搏精神,这正是高校体育教学的重要目标。

(二)培养高校学生的团队协作意识

在著名的《奥林匹克宪章》中,有这样一句话:"每一个人都应享有从事体育运动的可能性,而不受任何形式的歧视,并体现互相理解、友谊、团结以及公平竞争的奥林匹克精神。"因此,在体育运动中,不断提高与队伍的融洽度,同时以友谊精神、团队协作意识、公平竞争意识去取得每一次体育竞争的胜利,这正是现代奥林匹克精神所提倡的一点。就团队协作而言,拓展训练模式的运动项目最看重的就是训练者的团队协作精神,因此在该训练模式中,培养高校学生的团队协作意识,才能更好地弘扬现代奥林匹克精神。

二、拓展训练模式应用于高校体育教学的策略

(一)在思维理念中融入拓展训练模式

对于现代教育,突出学生的主体性地位,教师转变为辅助地位,已经成为大势所趋,而在体育教学中,拓展训练模式正符合现代教育的基本目标。在体育教学的思维理念中,教师要积极转变传统的生硬式教学模式,

不断在训练模式中促使每一位学生积极参加,同时在其中获得显著的参与感与挑战感。尤其是在团队协作中,要注重培养学生的团队协作意识,不断在体育教学中摆脱原有的思维理念,更好地将体育教学与拓展训练进行融合。

(二)在教学环节中融入拓展训练模式

在传统体育教学中,教学环节通常分为三阶段,第一阶段为准备阶段,第二阶段为活动阶段,第三阶段为结束阶段。在这三个阶段环节的开展中,应不断以符合人体体能活动发展特点的内容进行教学,而在拓展训练模式中,不仅能在这三个阶段中有所应用,还增设其他环节,如趣味游戏环节与竞争环节。在这些环节的开展中,能不断提高学生在体育教学中的积极性,同时激发学生的热情,加强学生之间的合作与沟通,更符合培养学生"奥林匹克精神"的目标,其应用意义自然十分显著。也正因为如此,在体育教学环节中应用拓展训练模式,就需要教师具备优异的业务能力,做好每一个环节的教学设计。

(三)在目标管理中融入拓展训练模式

在20世纪,维也纳诞生了著名的现代管理学之父,他就是彼得·德鲁克。他在自己的书中曾经提到这样一个故事:有三个石匠在干活,有人问这三个人都在干什么。第一个人说,我在谋生;第二个人说,我在做最好的石匠工作;第三个人则说,我在建造一座富丽堂皇的大教堂。从现代角度来分析,第一个人显然没有目标,他只为生存,只想拿到工资,他的主动性与创造性不会得到激发;对于第二个人来说,即使他拥有十分远大的理想,但是他的思想只能囿于本职工作中;对于第三个人来讲,他有着明确的目标,这样的目标,正是现代工作所缺乏的。这就是目标管理的重要性,也是德鲁克所提出的重要理念。对于高校体育课堂来讲,能够在目标管理中不断提升其教学质量,更好地进入拓展训练模式,这也是现代体育教育所提倡的。

在高校体育教学中,摆脱传统教学模式,积极引入拓展训练模式,不仅能进一步激发学生的学习兴趣,还能培养学生的奥林匹克精神。不断以团结、合作、友谊、公正的理念发展体育、学习体育,在某种程度上为现代体育提供了十分丰富的教学理论。

第三节 高校体育教学与运动训练互动模式

体育教学与运动训练互动模式在很多高校中尚未实行,大多数高校只重视学生的知识教育而忽视了青少年的身体健康素质。俗话说,"身体是革命的本钱",在如今社会的发展过程中,知识固然重要,但身体素质更不能忽视。"少年强,则国强",这里的少年强是指青少年必须具备知识、能力、健康的身体。有学者认为,高校通过体育教学的方式让青少年得到锻炼就可以;而有的学者则认为应当通过体育教学与运动训练的互动模式,使青少年养成锻炼身体的好习惯。如果高校只通过体育教学的方式引起青少年对体育的重视,只会治标不治本。高校体育应通过体育教学与运动训练的互动,实现二者的共同发展,达到双赢的效果。

一、高校体育教学中存在的问题

(一)高校缺乏对体育教学的重视

一直以来,受传统教育思想的影响,学校一直被认为是学习文化知识的圣地,学校只重视文化知识的传授及培养人才而忽视了体育教学的重要性。首先,高校学生没有多余的时间去锻炼身体提高自身素质。对于高校学生来说,参与的运动项目会因性别不同而各有差异,部分男生比较喜欢篮球和足球等运动,女生则对体育舞蹈、瑜伽、健美操等运动比较感兴趣。其次,大多数高校缺乏对体育教学的重视,高校体育的发展呈现出边缘化趋势。

(二)学生缺乏参与体育锻炼的自主性

高校体育的发展需要专业体育教师的引导。正所谓:"师者,传道授业解惑也。"高校体育若缺乏体育教师的引导,会使学生缺乏自主性和独立性。首先,大多数高校开展的体育课都是比较基础的而且种类不多,并且,有些体育教师对体育教学缺乏重视,认为学生学习压力比较大,体育课的任务就是让学生放松。

其次,体育教师的置之不问会导致学生缺乏自主性地去锻炼身体。在体育教学过程中,教师都是按照教学安排机械地给学生灌输教学知识的,而学生也只能被动地接受,忽略了学生的个性化发展。因此,体育教学目标是很难实现的。

(三)体育教学知识与体育技能分离

在众多高校中虽然按照教学计划开展了体育相关课程,但采取的体育课程的教学模式往往会将体育知识和体育技能相分离。首先,大多数体育教师会选择一节课专门在教室里讲解关于体育方面的知识,一节课在操场上让学生进行实际操作。但是,教师根本没有示范应该怎样去做。例如,赛前热身缺乏体育教师的引导、赛中缺乏体育教师的指挥、赛后恢复缺乏体育教师的指点。其次,体育教师会选出体育课代表,让体育课代表带着学生做热身,教师不重视运动前热身使得学生也敷衍了事。热身没做好,后面的运动项目想继续就很难,会很容易受伤,这些现象导致我国众多的高校在体育教学上使体育教学理论知识和体育技能相分离。

(四)体育教学中存在安全问题

各大高校虽然开展了体育教学,但是体育安全却没有得到全面保障。体育课程都是在操场上进行的,因此户外安全是一个很重要的问题。学生在运动过程中会利用学校提供的运动器械,如果学生在运动过程中没有充分的自我保护意识,会很容易受伤,甚至一不小心就会造成终身的遗憾。这些体育教学过程中遇到的安全事故对很多学生都会产生影响。因此,为了防止体育教学事故发生的概率不断上升,高校应当把体育教学安全放在首位。

二、体育教学与运动训练互动模式

(一)高校应当对体育设施进行全面建设

体育教学在教学任务中是很重要的一部分,体育教学的好坏直接影响到一所高校整个教学活动的开展,同时一所学校的发展也离不开体育活动的开展。我国很注重青少年的全面发展,而青少年正处于身体成长阶段,所以高校也应当重视起来。由于高校对体育教学的忽视,在体育设施方面投入很少,在这方面有所欠缺。所以,为了青少年的全面发展,应当对体育设施进行全面建设。体育设施的建设需要大量资金,学校可以利用国家的资金支持,同时可与社会相关体育企业进行合作,还可以为体育企业输送优秀的体育人才。

学校体育设施的建设当然也需要政府的支持,政府不但要支持,还要监督学校把资金投入体育建设中,同时要杜绝学校在体育设施上乱收费。如果出现乱收费情况会严重地影响学生的积极性,这就会与初衷相悖。

(二)体育教学应当与运动训练相结合

虽然体育教学与运动训练的方式不一样,但是二者在实施过程中缺一不可。体育教学是向学生传授理论知识,让他们了解体育训练的重要性以及体育项目方面的相关知识。体育训练应当坚持理论与实践相结合,因为实践需要理论来指导,理论要通过实践来检验,只有二者相结合才能达到好的效果,才能更好地发展体育精神。运动训练可以通过开设篮球、足球、排球、健美操等项目对学生进行体能训练。同时学校应当增加体育方面的师资力量和严格要求学生的运动训练,可以通过学分来要求学生,这样既可对他们起到监督的作用,也可以严格要求学生养成体育运动的好习惯。

(三)增强学生的体育意识

提升学生的身体素质尤为重要,首要的目标就是增强学生的体育运动意识。学校应为学生制订完善的体育课程教学计划,教师在教学过程中,要善于创新,通过新颖的方式吸引学生积极主动地参与进来。很多高校会有体育特训生,而且这些体训生都是带着目的去争夺利益赢得奖励的,这就导致非体训生的积极性受挫,需要教师用合理、高效、健康、鼓励的方式去引导学生树立正确的体育观念。教师要对学生的健康发展负责,促使学生养成体育锻炼的好习惯。学校可以通过举办运动会、社团活动的方式增强学生的体育锻炼意识。

三、体育教学与运动训练互动发展

体育教学与运动训练互动发展的前提条件是树立互动发展的理念。社会对青少年的发展要求在不断提高,强壮的身体是步入社会的前提条件。高校应当在教师中和学生中树立互动发展的理念。首先,教师对于学生来说是执行者、实施者和组织者,教师的一举一动都会对学生产生影响,所以教师要树立体育教学与运动训练互动发展的理念才能更好地带领学生。其次,高校是围绕学生开展教学活动的,学生占主导地位,所以要培养学生的体育意识,让他们明白体育教学与运动训练之间的关系,学会把二者结合起来共同继承体育精神。

综上所述,高校对青少年的培养,既要注重学生的文化教育,也要重视学生的身体素质的训练,通过体育教学和运动训练的互动模式来调动青少年对体育运动的积极性。同时高校应该采取科学、合理的教学手段促进学生全面发展,使学生的身体素质和学习能力得到提升,最终使高校体育教学水平得到提高。

第六章 现代教育理念下体育训练体系的建设与优化

第一节 把握科学的体育运动训练理念

一、训练负荷原理

所谓的运动负荷,可以简单理解为加载于机体上的各种外部物理"功"的总称,也可以将其进一步理解为借助身体练习的基本手段,来对运动员有机体施加的训练刺激。

运动负荷在体育运动训练过程中是始终存在的,其主要由两方面组成,一个是运动量,即负荷对机体刺激的量的大小的反映;一个是运动强度,即负荷对机体刺激的深度的反映。在体育运动训练过程中,一定要对运动训练的时间、运动强度、运动量等方面的选择与安排加以注意,从而保证训练负荷的合理性,也保证训练效果的理想化。

（一）负荷组成

对于运动负荷的刺激,人体是会有所反应的,这在生理和心理两方面都有所体现。人的生理活动与心理活动之间的关系是非常密切的,需要特别注意的是,生理负荷是可以通过一定的指标来进行定量测量的,因而在体育运动训练中,通常会借助数量和强度指标来有效评价训练负荷。

在体育运动训练负荷中,运动数量和运动强度是非常重要的两个基本因素。其中,运动数量指的是全部训练时间内做训练的距离或者次数,因此能够在一定程度上体现出机体承受刺激的数量特征;运动强度则可以将刺激的深度反映出来,这一要素能够有效影响运动训练效果(图6-1)。

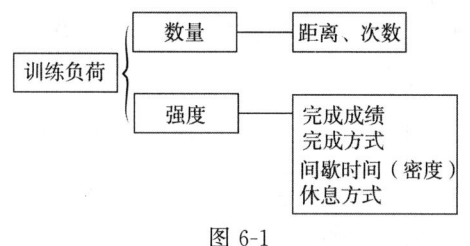

```
训练负荷 ┬ 数量 ── 距离、次数
        └ 强度 ── 完成成绩
                  完成方式
                  间歇时间（密度）
                  休息方式
```

图 6-1

(二)科学负荷

关于体育运动训练的科学负荷,主要是通过在体育运动训练过程中一些训练控制手段的应用来实现的。常见的有以下三种。

1.最佳化训练控制

最佳化训练控制,就是在整个体育运动训练的过程中,根据现实的实际条件情况,以所能达到的最高水平为目标,借助最符合客观实际的、最适宜的科学训练方法,来采取定量、定时、低耗、高效的训练控制过程。

这里有一点要强调,最佳化训练控制的标准是会随着相关条件的变化而发生相应变化的,并不具有绝对性特点。

2.立体化训练控制

立体化训练控制就是在整个体育运动训练的过程中,参照体育运动训练系统的综合性和系统性特征,并且与系统的功能放大原理相结合,从整体上出发,来对训练系统进行科学调控,这种调控具有综合性和系统性的显著特点。

通过立体化训练控制,能够在一定程度上将体育运动训练系统的整体功能结构反映出来。另外,该原理在体育运动训练系统功能结构的整体性放大效益方面的重视程度是比较高的。通常,综合性训练控制和系统化训练控制都属于立体化训练控制原理的范畴。

3.信息化训练控制

在体育运动训练的整个过程中,时刻跟随信息观的发展与指引,确保信息的充足性这一重要前提条件。并且充分考虑信息控制的基本规律,在此基础上,建立完善的信息系统,由此所实施开展的训练控制过程,就是所谓的信息化训练控制。

信息化训练控制原理将知识信息的重要性作为关注和强调的重点所在,并且提出了体育运动训练效果主要是通过知识和信息所获得的主张,由此可以反映出信息的重要性。

(三)评价强度

在体育运动训练的实践过程中,为了对训练负荷的科学性和合理性有一定的了解与掌握,需要借助一些科学化、可操作化较强的方法来对训练负荷强度进行评定,其中常用的有以下四种。

1. 以最好成绩百分比进行评定

这一评价方式的计算公式:

$$X = Y + Y(100\% - Z)$$

其中,X 为成绩要求;Y 为最好成绩;Z 为要求不同强度百分比。

2. 以运动员感觉的"用力程度"评定

在体育运动训练过程中,通常会将运动员全力参与训练作为 100% 强度,然后以此为标准来评定其用多少百分比的力量训练,即多少强度进行相应的评价。

3. 按照心率评定强度

借助心率来对体育运动训练负荷强度进行评定的方法,具有非常广泛的应用意义,同时其具有显著、简单、实用等特点。但是,最高心率的限制在一定程度上限制了体育运动训练负荷评定的开展。从整体上来说,用心率来对有氧训练进行评定的准确性相对还是比较高的,具有较强的可操作性。

为了对按照心率来评定体育运动训练强度的方法有更加详细的了解和掌握,需要对其中所涉及的相关内容,即心率的相关知识加以分析和阐述。

(1)最高心率

最高心率,即人在运动时心脏能达到的极限心率。最高心率的先天性决定因素较为显著,因此赋予了其显著的个体差异性特点。另外,最高心率也会受到年龄的影响,具体来说,其会随着年龄的不断增加而呈现出逐渐下降的趋势(表6-1)。

表6-1 高心率(普通人)(单位:次/分钟)

年龄	男	女
10～11岁	211	209
12～13岁	205	207
14～15岁	203	206
16～18岁	202	202

(2)基础心率

基础心率,即清晨起床前的空腹心率,其与最高心率和恢复心率之间都有着非常密切的关系。

(3)心率恢复

人的心率从工作心率恢复到安静心率的过程,就是所谓的心率恢复。心率恢复的速度在一定程度上反映了训练负荷的状况。具体来说,心率恢复快,则说明负荷强度小或机能状态好。通常会通过将10秒钟、30～40秒钟、60～70秒钟三次心率相加所得出的结果进行评定,一般次数少,则说明负荷量小、机能状态好。

(4)利用心率为训练强度分级

这主要是在体育运动训练后即刻实施的。以游泳运动为例,具体的参照标准为:

大强度 30次以上/10秒钟

中强度 25次/10秒钟

小强度 20～21次/10秒钟

4.以血乳酸评定训练强度

运动后测量血乳酸值,能够对游泳运动员的负荷强度进行评定。比如,游泳50米到200米项目,通常运动后3～5分钟达到高峰,距离加长,乳酸峰值出现就较早。血乳酸值低意味着强度较低,运动员主要以有氧供能方式完成运动;反之,血乳酸值高,则说明他的运动强度高。

(四)运动负荷价值阈规律

运动负荷的价值阈,就是人体的体育运动训练所能承受的、适宜的、对人体产生良好训练效果的负荷强度的一个范围,并且能够在一定的心率区间内将其运动负荷确定下来所采用的计量标准。[①]

对于大部分的正常人来说,他们之间的差异性并不显著,但是体育运动训练的参照标准是多元化的,因此针对不同个体来安排相应的运动负荷时,要参照不同个体的具体特点来进行,从而保证运动负荷的科学性与合理性。由此可见,对于大多数的正常人来说,运动负荷价值阈的意义还是较为显著的(图6-2)。

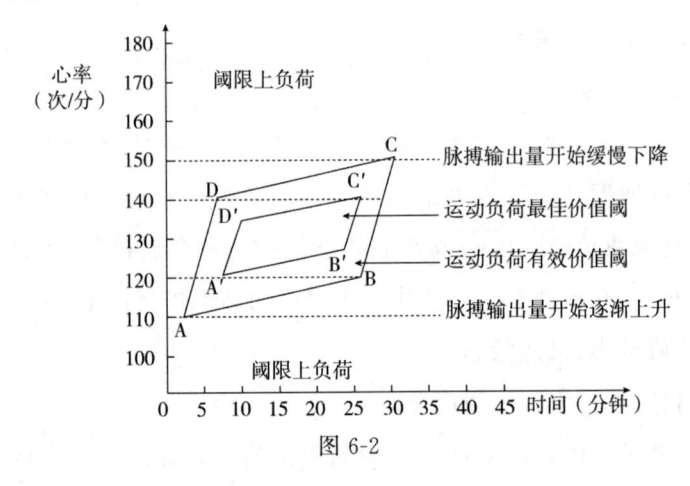

图6-2

二、恢复与超量恢复原理

在体育运动训练中,恢复与超量恢复是必然存在的,因为只有经历恢复与超量恢复,体育运动训练的效果才能显现出来,训练效果的提升与优化才能得以实现。可以说,这一原理意义重大。

---

① 刘胜,张先松,贾鹏.健身原理与方法[M].武汉:中国地质大学出版社,2010.

（一）恢复原理

人体经过一定负荷的运动锻炼后,其机能和能源物质方面会下降和减少,但这种状态是暂时性的,其会逐渐回到负荷前水平,甚至超过之前的水平,这一过程就是所谓的恢复。

在恢复中,那些人体机能和能源物质在短暂性下降之后,又逐渐超过之前水平的过程,就是超量恢复。在这样的情形下,如果不继续给予一定的新的负荷,那么超量恢复在持续一段时间后就会重新回到原来的水平,超量恢复便消失了(图6-3)。

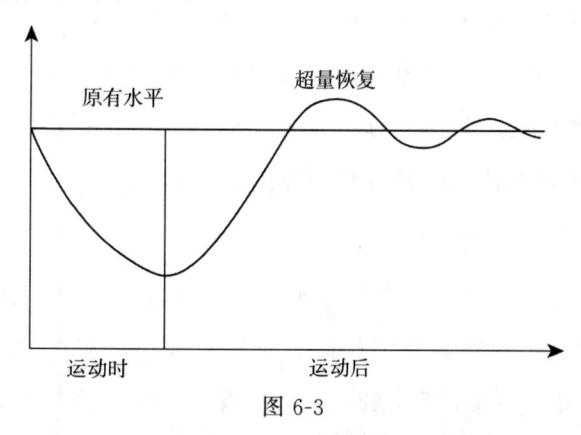

图 6-3

关于恢复,可以从其表现出的动态曲线以及过程的异时性特点方面入手来加以理解。

1.恢复动态曲线

恢复过程的众多相关因素中,时间是关系密切的因素之一,但恢复速度与时间之间的关系并非正比关系。研究发现,在恢复期前1/3时间,恢复通常会达到70%左右的程度,随后恢复速度大大减慢,2/3时间再恢复20%,随之恢复的速度进一步减缓,后1/3段的恢复程度只有10%。由此可见,在最佳负荷范围之内,运动员的体能恢复(90%)通常只在恢复期的前2/3时间内就能实现,这也在一定程度上反映出了最初的恢复手段与措施的重要性。

2.恢复过程的异时性

一般的,运动员所参与的体育运动训练的激烈程度,也会对其能量消耗以及恢复产生一定影响。比如,运动员参与激烈的体育运动训练,人体机能就会处于高度紧张状态,其所发挥出的运动训练水平就非常高,心率往往能够达到220次/分钟,同时能量物质的消耗程度也非常高。在体育运动训练结束之后,人体的功能水平逐渐复原,在运动结束后的恢复期,就需要按照运动员的消耗情况,做好能量物质补充、再生等工作,一般能够保证良好的功能水平恢复。具体来说,在激烈的体育运动训练后20~60分钟,运动员的心率、血压通常就能够恢复到安静水平,血乳酸等代谢产物清除速度稍慢,需要60分钟以上才能逐渐恢复到安静水平,而能量物质恢复的异时性特点的显著程度更高。

(二)超量恢复原理

参照超量恢复原理,人体参与体育运动训练的过程可以进行阶段性划分,即运动时各器官系统工作能力下降阶段、运动后工作能力复原阶段、工作能力超量恢复阶段(图6-4)。只有经历这三个阶段,体育运动训练的效果才能实现,进而优化训练效果。

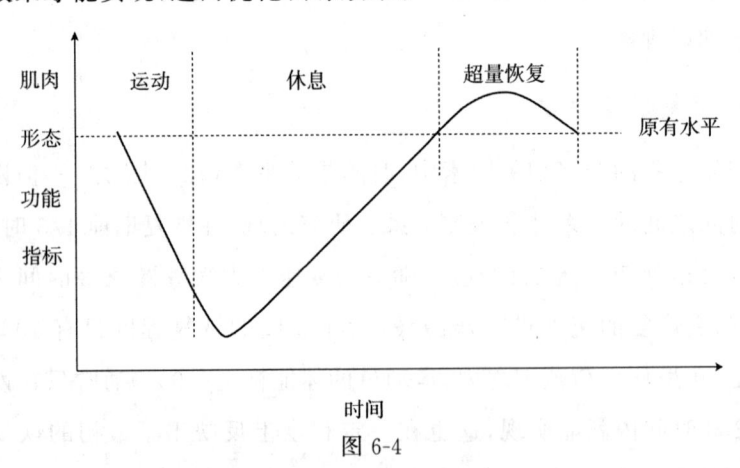

图6-4

超量恢复,通常也被称为"超量代偿",是运动生理学中非常重要的概念之一。超量恢复原理是人体机能在体育运动训练过程中,不断得到提高所参照的重要理论依据。

超量恢复的强弱与运动量大小之间有着非常密切的联系。在一定范围内,运动量越大,机体机能的动员充分程度就越高,能量物质消耗就更多,超量恢复的显著程度也就越高。但是并不是运动量越大越高,因为过大的运动量会使人体无法正常接受,从而导致恢复过程延长,严重者还会导致过度疲劳的产生,进而对运动员的身体健康造成不利影响;而如果运动量过小,运动员的身体就得不到有效训练,疲劳的程度减小,那么超量恢复的显著程度也会有所降低,甚至不会出现,这对于最终的体育运动训练效果的取得也是不利的。

超量恢复的效果与机体的承受负荷量与负荷强度刺激有关,负荷量较小,强度较大的训练往往会取得较好的恢复效果。除此之外,超量恢复出现的早晚,与运动量大小、疲劳程度以及营养供给也有一定的相关性。超量恢复机制和原理,奠定了训练学的基础。

(三)恢复与超量恢复的实施

1. 恢复方式

在体育运动训练过程中,采用的恢复方式主要有以下两种,每一种都有其特点。

(1)自然性恢复

所谓的自然性恢复,就是指在体育运动训练或比赛的过程中或之后,机体按日常作息或处于静止状态获得恢复的方式。这种恢复方式是无所作为、顺其自然的,通常用于运动负荷较小且训练时间较短的体育运动训练。

(2)积极性恢复

所谓的积极性恢复,就是指在体育运动训练或比赛过程中,或结束后所进行的强度较小或其他形式练习的恢复方式。这种方式的恢复能使机体在体育运动训练后仍保持较高的代谢水平,使恢复的速度加快。这种恢复方式对于高强度、长时间的体育运动训练是非常适用的。

2.恢复手段

在体育运动训练过程中所能用到的恢复手段有很多种,具体要根据实际情况和需要进行选用,通常会选择其中的几种进行综合运用,所取得的恢复效果最为理想。这里主要介绍以下两种。

(1)自然恢复

自然恢复,是一种具有显著的直接性和有效性的恢复手段,对于运动员来说,要想在体育运动训练中充分利用好这一恢复手段,就要使运动员形成良好的训练、生活、卫生和睡眠习惯。

(2)肌肉牵拉放松

肌肉牵拉放松,实际上就是所谓的拉伸放松,具体来说,就是通过对运动肌肉群的主动或被动的牵拉,来使这部分肌纤维酶的活性得到有效改善,使运动员的新陈代谢水平有所提升,使体育运动训练后延迟性肌肉酸痛和肌肉僵硬的情况得到有效缓解,从而达到放松肌肉的目的。与此同时,肌肉牵拉放松还能使运动员骨骼肌蛋白质的合成过程得到进一步强化,这对于肌肉的恢复与放松也是非常有意义的。因此可以说,这种牵拉放松的方式对局部疲劳的肌肉群的恢复效果较为理想,是体育运动训练结束后常用的恢复手段。

一般的,肌肉牵拉放松手段应用的持续时间以一分钟左右为好,重复3~4次,间歇一分钟,这样所取得的放松效果最为理想。具体的持续时间、重复组数要按照训练肌肉的状态情况来进行适当调整。

3.恢复的注意事项

在体育运动训练过程中,不仅要采用科学合理的恢复方式和手段,还要对一些事项加以注意,从而保证最为理想的恢复效果。

(1)要对间歇时间有科学的把控

间歇时间长短的合理性会在很大程度上影响肌肉恢复效果,即间歇时间要适宜,不能过长或者过短。一般通过测定心率的方法来进行控制,如运动后的心率达到140~170次/分钟,待心率恢复到100~120次/分钟时,再进行下一次的体育运动训练是比较合理的。

(2)要保证休息充分

在众多的恢复手段中,睡眠是最有效手段,其不仅能使运动员的睡眠质量得到保证,还能有效促进训练疲劳的消除以及体能恢复的速度,尤其在提升运动员适应能力和抗干扰能力方面,有着显著效果。

(3)所采用的训练手段要与训练内容相适应

体育运动训练效果,不仅与训练方法、手段的转换有关,也与训练内容相关,同时对这两者之间相适应的程度也会产生一定的影响,因此需要对此进行精心搭配,这对于运动员局部疲劳的减缓是有一定效果的。

三、训练适应与过度训练原理

(一)训练适应原理

关于体育运动训练,从其整体上来看,就是运动员在训练过程中逐渐适应的一个过程,这也是体育运动训练的本质所在。

运动员在经过科学合理的体育运动训练之后,在保证理想的运动基础的同时,也能有效提升其专项运动能力和专项运动水平,这就与体育运动训练的训练适应原理有着密切关系。训练适应原理,主要是指运动员每次受到训练的刺激,机体都会产生一定的急性适应。某种意义上来说,这种训练适应效应积累是一种长期性的训练适应,并且其与专项需要是相符的。可以说,这是运动员取得理想运动成绩的重要物质基础,缺少这一基础,就无法实现运动员取得理想运动成绩这一目标。

通过对训练适应原理的进一步分析可以得知,其专项性和方向性特点显著。这些显著特征并不是绝对不变的,而是呈现出一定的动态变化的,这与体育运动训练的负荷大小及其产生的作用有着密切的联系。

在既定的科学的体育运动训练计划的指引下,运动员开始逐渐向既定的专项目标发展和努力,从而实现取得优异运动成绩的目标。其中起决定性影响的因素有两个:一个是负荷的作用方向,一个是动态变化的趋势。可以说,没有专项化的训练适应,就不可能使专项运动成绩达到较高的水平。

同时,训练适应的实现还需要具备适宜负荷这一重要的前提条件,只有具有最佳负荷和科学、合理的负荷动态变化设计,才能使训练适应的顺利实现得到保证。

(二)训练过度原理

在体育运动训练中,通常都会强调训练的科学性与合理性,但是,也存在着不科学、不合理的训练,训练过度就是主要表现形式之一。一般的,导致运动员训练过度的主要原因是运动负荷的过度。当前,体育运动水平逐渐提升,运动员的运动负荷的提升程度已经不断接近其极限水平,为了实现这一目标,运动员过度训练的几率就大大增加,因此需要加强训练过程的恢复、监督和合理安排负荷,从而使训练过度的情况尽可能得到避免。

从严格意义上来说,负荷过度和最佳负荷之间只有一个临界值,其影响因素具有多样性特点,其中较为主要的有运动员身体机能、训练水平、承受负荷能力等,特别是承受负荷时身体状况,其对完成负荷所产生的影响是非常大的。

另外,还有一点要注意,即一次负荷的大小影响并不能确定训练过度,参照的标准主要为负荷后作用的累加效应。

第二节　遵循体育运动训练的原则

体育运动训练的开展,不仅要遵循相关科学理念的导向性,还要遵循其重要原则,这也是保证其科学性与合理性的重要条件。

一、系统性原则

系统性原则,主要强调在运动员从开始训练到取得一定的训练成效所经历的整个过程中,所涉及的训练因素之间都是前后连贯、紧密相关且不中断的关系。实践证明,运动员理想成绩的取得,与多年系统地训练有着不可分割的密切联系。优秀运动员都必须经历长期系统地训练,即便是先天条件再好的运动员,只进行短期、零碎、彼此脱节的训练也无法成为一名优秀的运动员,这就充分体现了体育运动训练系统性原则的重要性。

体育运动训练可以分为不同的训练阶段,所安排的训练内容也是各不相同的,但是有一点是确定的,即这些因素之间都有着密切的联系,它们之间彼此相关、相互影响、相互促进。从本质上来说,学习和掌握运动技能是建立运动条件反射。如果在体育运动训练过程中出现间断情况,则往往会使已建立起来的条件反射消退。因此,这就要求必须经过长期不断的系统训练,才能起到有效巩固已获得的条件反射的作用。

在体育运动训练过程中遵循系统性原则时,为确保训练效果,需要对以下两点事项加以注意。

(1)体育运动训练要尽可能保证从小就开始训练,并且要保证训练课的长期性和系统性。一般对于一名优秀的运动员来说,其在成绩上的崭露头角,需要经历的训练时间不会少于8～10年。通常这个长期的训练过程是可以根据运动员的实际情况来进行不同训练阶段的划分的,并且使每个训练阶段紧密相连成为一个统一的整体。

(2)在体育运动训练的具体训练过程中,要做好训练周期、训练周、训练课等的不同划分,在此基础上,还要将课与课、周与周、周期与周期以及各训练阶段之间有机连接起来。同时要科学安排相应的训练内容、重点、方法和运动负荷,使上一次训练成为下一次训练的准备,下一次训练则成为上次训练的继续和提高。总的来说,就是要求每次的体育运动训练所取得的训练效果都是理想的。

二、区别对待原则

在体育运动训练过程中,不同运动员具有自身的个性化特点,不仅表现在先天性的性别、年龄、身体条件等方面,在一些后天因素方面也有所差别,比如承担负荷的能力、技术水平和心理品质、文化程度等。因此为了保证运动员训练的科学性和有效性,需要对运动员进行针对性训练,相应的,训练任务的确定、训练方法、手段的选择以及运动负荷的安排也都要有针对性,这就是所谓的区别对待原则。

对于运动员来说,他们的个体差异性是必然存在的,正因为如此,在体育运动训练过程中,即便采用同样的训练方法,运动员的适应程度也不一样,所取得的训练效果也就各不相同。有的运动员适合该训练方法,那么取得的训练效果就会较为理想;而不适应该训练方法的运动员,不仅不会取得理想的训练效果,还可能产生其他消极影响。因此,这就要求以运动员的年龄、性别、健康状况、兴趣爱好、生活水平等因素来决定运动训练内容、训练方法和运动负荷。

在体育运动训练过程中,随着训练过程的不断推进,其整个训练也呈现出不断发展变化的动态趋势。对于不同的运动员来说,他们的训练效果所表现出的时间是有所差别的,有的运动员在训练初期就会有突飞猛进的进展;有的运动员在训练初期进展不大,但是到了某一阶段,发展速度就较快;有的运动员在这一运动素质上的训练效果理想,在其他运动素质上的训练效果就不尽如人意;而有些运动员则在其他运动素质上有特殊的发挥;也有些运动员适应的运动负荷比较大,而有的运动员则不能适应,等等。因此,这就要求在体育运动训练过程中必须做到区别对待,从而保证取得的训练效果是事半功倍的。

在体育运动训练过程中贯彻实施区别对待原则,需要对以下两方面事项加以注意。

(1)对于教练员来说,其作为体育运动训练的指导者,要对运动员的实际情况有全面而具体的了解,并对其总体情况进行深入分析,然后以此为依据,有针对性地采取相应的训练措施。与此同时,还要对运动员的一些特殊情况加以了解,在训练过程中要充分考虑这些特殊情况。

(2)在体育运动训练开展之前,需要将科学、可行的训练计划制订出来,这时候,就需要首先对运动员的具体情况进行深入了解,然后对全训练队的特点和运动员个人的特点都有充分的了解,在满足全队要求和个人要求的同时进行相应的体育运动训练。

三、适宜负荷原则

体育运动训练离不开一定的运动负荷,因此,遵循适宜负荷原则是非常重要且有必要的。在体育运动训练过程中,要以确定的训练任务为依据,结合运动员的个体条件和专项水平,逐步地、有节奏地加大运动负荷,直至最大限度,这就是所谓的适宜负荷原则。

体育运动训练的主要目标就是取得理想的训练效果,而这主要取决于运动刺激的强度,即要采用适宜的训练强度,才能保证所取得的刺激效果是有效的,从而保证理想的训练效果。如果刺激较弱,是不能引起肌体功能的变化的;而如果刺激过强,则可能会对运动员的身体造成损伤,这对于其本身能量消耗的恢复和超量补偿也都是不利的。

在体育运动训练过程中,要严格遵循适宜负荷原则,加大运动负荷,直至最大限度,从而保证理想的训练效果,具体可以从以下两方面着手。

(1)在开展体育运动训练活动之前,首先要明确训练任务,并做好运动员身体状况、机能能力和训练水平的了解工作,在安排运动负荷时,一定要保证其合理性。只有根据训练的不同任务和运动员的训练水平安排运动负荷,才是合理的。

(2)在体育运动训练过程中,运动负荷并不是一成不变的,而是循序渐进不断增加的。运动负荷的增加必须达到极限。因为只有极限负荷的刺激,才能将运动员机体的机能潜力充分挖掘出来,运动员的成绩才可能是优秀的。

四、积极主动性原则

在任何活动中,都要遵循积极主动的原则,在体育运动训练过程中也不例外。运动员在参与体育运动训练之前,首先要将其目标确定下来,然后以此为方向,来提高运动训练的积极主动性,而积极性和自觉性对于是否能长期坚持进行运动训练是非常重要的。从某种意义上来说,运动员参加体育运动训练的积极性需要在一个明确目的的指引下才能实现。

在体育运动训练过程中遵循积极主动性原则,可以从以下两方面来着手进行。

(一)目的明确,动机端正

运动员参与体育运动训练可能是因为兴趣,但主要是为了取得理想的运动成绩,这是绝大部分运动员普遍的目的,这一点是非常明确的。在此基础上,运动员还要在动机上端正,这一点也至关重要,关系到体育运动训练效果的好坏。

(二)增加趣味性,充分调动训练积极性

运动员在进行体育运动训练时,由于需要持续数年甚至十几年的训练周期,这就需要运动员在训练过程中,尽可能增加训练的趣味性。这样能够将他们训练的积极性和主动性充分调动起来,从而使长期的运动训练得到有效保持,为理想运动成绩的取得创造良好条件。

五、"三从一大"原则

这里所说的"三从一大"原则,其中的"三从",是指"从严、从难、从实战需要出发",而"一大",则是指"大运动量的训练"。实际上,"三从一大"原则是对训练的要求。

(一)训练的"三从"原则

1."从严"训练

"从严",就是要对训练进行严格要求,这不仅涉及运动员的专项技术、战术,还涉及其他的相关因素,比如体能、心理、作风训练和生活管理等方面。

2."从难"训练

"从难",就是要在训练时在难度上逐渐进行合理增加,以此来使运动员在专项技术和战术上有进一步的突破,同时使其体能和心理承受能力得到锻炼和提升,保证运动员的全面发展与提升。

3."从实战需要出发"训练

"从实战需要出发",就是要求训练活动的开展要以满足实战需要为目的,这就需要首先遵循体育运动发展以及人体生长发育的基本规律,然后结合运动员的实际特点和条件,根据本队在比赛中所反映的优缺点进行最有效的训练。除此之外,"从实战需要出发"还强调了要对正式比赛过程中可能出现的各种情况进行预估和提前训练,涉及观众、裁判、场地、时差等方面,从而使运动员能够在生理和心理上都有充分的准备,从而在正式比赛中更好地适应比赛,为理想运动成绩的取得奠定基础。

(二)训练的"一大"原则

进行大运动量的训练,指的是进行有效的大负荷训练,是科学训练发展的方向,是提高运动成绩的重要因素。需要注意的是,大负荷训练不仅要有足够的时间,还应有足够的量与强度,同时大负荷训练必须在科学监控下进行。

六、一般训练与专项训练相结合原则

一般训练,就是指借助一般性的训练方式和手段来提升运动员的一般身体素质和身体机能水平的训练。

专项训练,就是指借助专项性和比赛性的训练方式和手段来提高运动员的专项身体素质、运动水平以及专项技战术的训练。

而将上述两种训练结合起来,就是一般训练和专项训练相结合原则。具体来说,这一原则就是在体育运动训练过程中,要以所从事的体育运动的专项特点为依据,充分结合运动员的训练水平和不同训练时期、阶段的任务,从而对一般训练和专项训练的训练比重进行科学合理的安排。由此可见,在体育运动训练过程中一般训练和专项训练的比重分配至关重要。这可以从不同的方面出发来进行不同标准的安排。比如,从运动员的自身特点和训练水平上来说,如果运动员具有年龄小、训练水平低的特点,那么就需要安排较大比重的一般训练。专项训练要少一些;如果运动员具有年龄大、训练水平高的显著特点,那么专项训练的比重就要大一些,并适当减少一般训练的比重。再如,从运动员从事的体育运动项目及专项特点出发,如果运动员从事的是对机能与运动素质要求高、能量消耗大的体能类项目,那么就需要安排较大比重的一般训练。而如果运动员从事的是那些基本技术多而复杂的项目,那么专项训练的比重就要适当增加。在多年训练的基础训练和专项提高阶段中,在训练大周期的准备期的第一阶段和过渡期、恢复调整的小周期,一般训练比重大些,比赛阶段的安排则要以专项训练为主。

一般训练是专项训练的基础,如果没有经过一般训练就进行专项训练,无异于空中楼阁,没有坚实的训练基础,是不可能在专项上有所成就的。专项训练是一般训练的进一步发展和提升,运动员要想在比赛中取得理想的成绩,就必须进行专项训练。专项训练在一定程度上也会对身体的全面发展起到促进作用,它和一般训练密切相连和互相促进,在体育运动训练中要将二者科学地结合起来。

七、训练与比赛相结合原则

体育运动的发展并不是一蹴而就的,其需要经历很长的时间才会逐渐实现。为了便于理解和训练活动的开展,通常会将体育运动训练周期根据训练任务的不同分为不同的训练阶段,同时要充分考虑比赛次数和层次等方面的要求,确保比赛和训练安排得当。

体育运动训练与比赛,两者是相辅相成、密切相关的。根据不同运动员的运动水平的差异性,对于初学者和技术水平不高的运动队,所安排的比赛次数不能太多。而对于较高水平的运动队,比赛可以适当多安排一些,通过比赛发现问题,并进行针对性训练,从而达到以赛促练的效果。

八、不间断性与周期性原则

对于体育运动来说,要想熟练掌握运动技能,不管是什么样的运动项目,都必须通过多次重复训练才能实现,之后还要不断进行训练,以达到巩固的作用。对于运动员的身体素质来说,也必须通过多次重复训练才能逐步发展;运动成绩必须通过多次重复训练,才能有所提高。因此,这就要求必须按照既定的训练计划进行系统的、持续不断的体育运动训练。同时,为了使体育运动训练能够不间断地进行,必须将各级训练组织形式衔接起来,坚持全年训练有足够的训练日和训练次数,并在训练过程中采取有效措施,防止伤病发生。

通常,体育运动训练会根据训练任务和目标,来进行不同的周期性划分。比如,多年训练是以年度训练为基本周期,年度训练又可以进一步分为三个训练时期,每个训练时期又以周为小的循环周期。在年度训练周期中,经过各个阶段的周期循环,又由下一周期重新开始训练。多年训练是靠年复一年地训练完成的,这就要求训练内容、比重和要求要不断调整,逐渐提高。此外,运动员必须坚持长期进行系统的、持续不断的周期性训练,其运动成绩才能得到平稳提升,才能取得理想的运动成绩。

九、全面性原则

全面性原则,就是要求运动员在进行体育运动训练时,一定要保证其训练的全面性,从而使运动员自身的身体机能、各种身体素质和活动能力得到全面提升,身心得到和谐发展。

运动员的体育运动训练,不仅包括不同身体部位的活动,还包括多种项目和不同性质的活动,保证训练的全面性。人体各系统之间并不是绝对独立的,而是相互联系、相互制约的,身体某一方面的发展一定会对其他方面的发展产生或大或小的影响,而全面发展能相互促进,共同提高。因此,在体育运动训练过程中一定要严格贯彻落实全面性原则。

第三节 掌握科学体育运动训练的方法

体育运动训练的开展,不仅要遵循科学的训练理念和训练原则,而且采取科学、合理的训练方法也至关重要。不同的体育运动训练方法自身的特点、适用范围、作用等都是不同的,为了保证理想的训练效果,通常会将其中的几种综合起来加以运用。

一、重复训练法

重复训练法,就是按照要求,在保证运动员原本的动作结构和运动负荷量的基础上,通过反复多次训练,从而建立、巩固条件反射,进而达到运动技术形成牢固的定型的训练方法。

重复训练法在体育运动训练中是最常用的一种训练方法,在提高身体素质,掌握与提高技术、战术,以及培养意志品质等方面都是非常适用的,且在保证训练科学性和合理性的基础上,所取得的训练效果也是非常理想的。

需要强调的是,运动员在采用重复训练法进行体育运动训练时,重复次数的不同会在很大程度上决定着其在运动员身体上产生的作用。一般重复次数越多,身体对运动反应的负荷量就会越大。如果重复次数不断增加,可能会使身体承受的负荷达到极点,甚至会对有机体的正常状态产生一定的破坏作用,从而导致身体受到一定的伤害。

在体育运动训练过程中运用重复训练法,要对其强调的关键点加以关注,即要掌握好负荷的有效价值范围,并以此为依据对重复次数进行适当调整。在重复训练过程中,还要根据体育运动训练的实际情况来有效控制运动负荷。

在体育运动训练过程中,要严格贯彻实施重复训练法,为保证效果,具体要对以下三点加以注意。

(1)针对体育运动中的同一个动作进行反复多次训练,往往就会使运动员产生单调乏味的情绪,注意力集中的程度也会逐渐降低,这对于理想训练效果的取得是不利的。因此,这就要求在重复训练过程中,应灵活地结合一些比赛或游戏活动,使重复训练的趣味性有所提升,激发运动员参与体育运动训练的兴趣和积极性。

(2)体育运动训练包含的内容非常多,技术训练是其中之一。如果在技术训练中运用重复训练法,一方面,要严格按照技术规范进行训练,负荷强度要求不能过高,但是在重复训练的次数上要有所保证,这样才能掌握和巩固正确动作。需要强调的是,一旦运动员连续出现错误动作,就应该停止训练,从而有效避免错误动力定型的形成和巩固。另一方面,在保证重复训练次数的基础上,也要逐渐做到训练量和负荷强度方面的逐渐提升,使运动员在较困难的条件下保证技术的正确性、熟练性。

(3)在身体素质训练中运用重复训练法时,所采用的训练手段应该尽可能是简单而有实效并且已基本掌握的,要根据运动员自身的实际情况来确定训练数量、负荷强度、重复次数。

二、间歇训练法

间歇训练法,就是按照既定的要求进行一定的训练之后,再按照既定的时间和休息方式进行适当休息,然后再继续进行下一次训练的训练方法。

间歇训练法是在运动员的机体未能完全恢复时就进行下一次的训练,因此,通过这一训练方法,能有效地提高呼吸和心血管系统的机能。

重复训练法的间歇时间是在运动员机体机能基本恢复的情况下,才进行下一次的训练。相较于重复训练法来说,间歇训练法每次训练的间歇时间有严格规定,要在运动员机体机能未完全恢复的情况下就开始下一次训练,这也是两者的主要区别所在。

一般的,根据训练强度的不同,可以将间歇训练法分为两种类型,即小强度间歇训练法和大强度间歇训练法。

在体育运动训练过程中贯彻实施间歇训练法,为保证训练效果,需要对以下三点加以注意。

(1)要根据训练任务来制订出间歇训练的科学方案。

(2)在确定下来某一间歇训练方案后,首先要让运动员进行一段时间的尝试训练,运动员在有了良好的适应和提高后,再根据训练任务和具体情况,来适当调整训练的相关情况。

(3)在体育运动训练中采用间歇训练法,要参照的重要依据就是运动员的具体情况,以此来对他们每次训练的负荷强度及间歇时间进行科学合理的安排。

三、循环训练法

循环训练法,就是以所制订的训练具体目标为依据,适当设立一些训练站(点),从而使运动员按照既定的顺序、路线,依次完成每站(点)的训练,周而复始地进行训练的一种方法。具体来说,运动员采用循环训练法进行体育运动训练,其必须按要求在各个训练点完成既定的训练。当一个训练点上的训练结束后,就迅速移到下一个训练点继续进行训练。运动员在完成各个训练点上的训练后,就相当于完成了一次训练的循环。另外,还需要强调的是,采用循环训练法进行体育运动训练时,一定要保证各个训练点的训练内容搭配合理,保证训练的全面性,采用的动作要尽可能是那些简单易行且自己能够熟练掌握的。同时要在训练的具体次数、规格和要求方面有明确的规定,从而保证运动员通过全面的训练取得理想的训练效果。

循环训练法有其独特之处,即系统、有顺序地进行两臂、两腿、腹部、背部肌肉的训练。由此可见,这种训练方法的适用范围比较广泛,不管是发展一般素质还是专项素质的身体训练,还是技术和战术训练,都可以采用循环训练法。循环训练法每站都有先确定的训练内容、要求和负荷参数,并能结合其他训练方法形成不同的循环训练方案,以此为依据,可以将循环训练法的训练形式大致分为耐力循环、力量循环、速度循环、速度力量循环、协调循环等。

在体育运动训练过程中严格贯彻实施循环训练法,为保证训练效果,需要对以下三点加以关注。

(1)以所制订的训练目标为依据,将各站的内容和站的数量确定下来。循环训练是连续进行的,因此,这就要求所安排的训练内容应该是运动员已经掌握的,并且重点突出,运动员能够自动化地做出的动作。在内容顺序方面,则要以训练对各器官系统和肌肉部位的不同要求为依据来进行交替安排,并注意与发展不同身体素质训练的相互交替。通常情况下,一个循环训练中往往会有7~10个站(点)。

(2)针对特点,因人而异地确定负荷。练习负荷的安排要从每站练习的数量、强度、间歇时间、循环次数等全面考虑。

(3)对循环训练的形式进行重新组合和变换。在体育运动训练过程中,由于运动员之间的特点和具体情况存在着一定的差异性,在安排循环训练时,也要有所差别,这主要表现在形式上。训练形式有很多种,可以进行适当选用。常见的有流水式(一站连一站的训练)、轮换式(将全队成员分成若干组,各组在同一时间内训练同一内容,按规定时间一组一组的轮换)、分配式(设立很多个训练站,可多达十几个,然后按运动员具体情况分配每个运动员训练某项内容以及训练的次数)等。

四、变换训练法

变换训练法,就是为了提升运动员参与运动训练的兴趣和积极性,借助调整体育运动训练中的运动负荷、训练内容、训练形式以及训练条件等因素多采用的一种训练方法。

在体育运动训练中运用变换训练法,能使运动员机体在参与比赛的适应能力得到有效提升,使其在技术和战术方面的水平得到提升,运动员自身的综合身体素质也有所改善,这些都为运动员运动感觉的培养和优化创造了有利条件。除此之外,变换训练法的运用,还能为体育运动训练增添一些趣味性因素,从而帮助运动员有效克服训练时所产生的单调枯燥感,提高运动员对训练的兴趣和积极性,对推迟疲劳的出现也有着积极的意义。

变换训练法的常见形式主要有改变负荷变换法、改变动作组合变换法、改变练习环境和条件的变换法。不同形式的侧重点不同,所起到的作用也会有所差别。

但是，不管采用哪种形式的变换训练法，在体育运动训练过程中，都要对以下四点加以注意。

(1)要按照明确的目标在体育运动训练中采用这一训练方法，即要求变换训练法的运用有目的性。

(2)要按照所制定的训练计划来采用条件变换的形式，同时要保证条件变换的灵活性。

(3)在技术训练中运用变换训练法时，不仅要注意训练过程，还要注意及时恢复到正常情况下的训练。要对训练过程中出现的错误动作进行及时、有效的纠正，从而尽可能地避免由于变换条件训练形成的、与比赛的正式要求不相适应的动力定型出现，在训练的重复次数与调整间歇的时间方面进行适当调整。

(4)随着运动员训练水平的逐渐提高，训练的数量、每次训练的强度等都要随之有适当的增加，从而保证运动员训练水平的进一步提升。

五、持续训练法

持续训练法，就是在保证运动员在一定的运动负荷强度和较长的负荷时间的前提下，所进行的无间断连续训练所采用的一种训练方法。

在体育运动训练过程中运用持续训练法时，运动员的平均心率要达到130～170次/分钟。持续训练法通常会在发展一般耐力素质时应用，由此，来达到提高在有氧代谢系统供能能力以及供能状态下有氧运动的强度的目的。

一般的，以训练时间的长短为依据，可以将持续训练法大致分短时训练法、中时训练法、长时训练法三种具体形式。

在体育运动训练过程中运用持续训练法，为保证训练效果，需要对以下两点加以强调。

(1)由于持续训练的时间较长，训练量较大，因此，就要求控制强度不能太大。一般情况下，将心率控制在130～170次/分钟，并保持恒定的运动强度，这种持续训练方式对于运动员一般耐力素质的发展是有帮助的；

也可以通过提高强度、持续适当的时间的方式来进行持续训练,从而达到提高运动员专项耐力素质的目的。

(2)如果在训练期或休整期采用持续训练方法,则以中小强度为宜,这样对于一般耐力素质的发展或保持是有利的。

六、竞赛训练法

竞赛训练法,就是运动员在正式比赛的条件和要求下进行体育运动训练所用到的一种训练方法。

在体育运动训练中运用竞赛训练法,不仅能对平时的训练效果进行有效检验,还能使运动员创造性地运用知识、技术和战术的能力以及提高身体训练水平,除此之外,对于运动员应变能力和运动训练实战能力等的发展和提升也有着积极的影响。在竞赛的条件下,运动员的训练积极性和好胜心会被有效调动起来。

另外,运用竞赛训练法进行体育运动训练,还能使运动员在比赛中相互交流经验,对于全面提高其技战术水平有着重要意义。竞赛训练法在运动员心理承受能力的提升,坚强意志品质的培养,积极、拼搏、良好的生活态度的养成等方面有着积极影响,不可忽视。

将竞赛训练法应用于体育运动训练中,为保证训练效果,需要对以下两点加以强调。

(1)要采用适宜的运动负荷。采用竞赛训练法进行体育运动训练,通常能有效激发运动员的训练情绪与兴趣,增大能量消耗,这在训练过程中运动负荷的调节和控制难度就会加大。因此,在采用竞赛训练法进行体育运动训练时,就要求以专项训练的需要为主要依据,有针对性地选择适合运动员特点的竞赛内容和形式。同时注意保证竞赛负荷不要过大,这样,既定的训练目标和内容的完成才有可能实现。

(2)运用时机要合理。采用竞赛训练发进行体育运动训练时,教练员要注意对运动员进行积极的引导,使其能够将自身的长处充分发挥出来,还要教育学生不要有违规行为出现,要提高他们自我控制能力,培养优良体育作风。另外需要注意的是,竞赛训练法不是任何时候都适用的,比如在运动技能尚未形成之前和疲劳时就不能采用竞赛训练法,因为这样会对刚刚形成而尚未巩固的动作技术造成不利影响,同时会导致一些伤害事故的发生。

七、游戏训练法

游戏训练法,就是运动员主要以游戏的形式来进行体育运动训练的一种训练方法。

通过游戏训练法进行体育运动训练,能够有效提高运动员训练的兴奋性,激发运动员训练的兴趣,同时能够营造出轻松、愉悦的训练氛围,这些对于运动员训练的开展以及理想训练效果的取得都是非常有帮助的。需要强调的是,游戏训练法在确定运动量时,切忌盲目性,一定要以运动员的自身特点和实际情况来区别分析、确定。

八、综合训练法

综合训练法,顾名思义,就是以既定的训练目的、训练任务为主要依据,综合运动上述几种训练方法,从而更灵活地调节运动负荷,取得更好训练效果所用到的训练方法。

在体育运动训练过程中运用综合训练法时,一定要以运动员的实际情况和特点为依据,结合明确的训练任务来组合运用相应的训练方法。

综合训练法变化很多,可以进行各种不同的组合,对于不同运动员的不同需求可以进行灵活选用。

第四节 依据训练计划参加运动训练

在体育运动训练中,运动训练计划是其重要组成部分之一,其对运动员体育运动训练的开展起到积极的指导作用,从某种意义上来说,运动训练计划的制订、安排等,会在一定程度上决定着训练效果的好坏。因此,这就要求运动员必须依据训练计划参加体育运动训练。

一、运动训练计划概述

所谓的运动训练计划,就是指每个准备长期从事体育运动训练的运动员,从自身身心状况和外部环境条件的实际情况出发而制订的一种定量化的周期性体育运动训练计划,是运动员达到目标的有效途径。

(一)运动训练计划的内容

在制订运动训练计划,尤其是在制订长期运动训练计划时,一定要综合考虑以下四个方面的影响因素,这也是运动训练计划中包含的主要内容。

1.训练目的

运动员在进行体育运动训练前,都要明确自身的训练目的,这也是他们进行体育运动训练科学安排的重要参照依据。对于运动员来说,提高肌肉力量、发展肌肉块等这些提升自身运动能力和素质的目的是主要目的。因此,就要求以力量练习为主,每周训练三次,其余时间用于身体机能的全面发展。要想使自身的肌肉力量得到有效训练和提升,要求运动员必须有科学、现实的目标,需要注意的是,在制定目标时,一定要与实际情况相符,要留有余地,否则会对运动员的身体健康以及能力发展不利,对于其体育运动训练的持续性发展产生消极影响。

2.训练季节的选择与注意事项

在不同的季节进行体育运动训练,也要充分考虑四季的特点、要求,来适当调整训练计划中的各个要素,比如训练时间、训练内容、训练侧重点以及相关的注意事项等。总的来说,就是要求运动员的体育运动训练以季节气候的变化规律为依据来进行。

(1)春季训练

春季是一年的开始,在这一季节进行科学的体育运动训练,能够为整年的体育运动训练和身体健康奠定坚实的基础。运动员在春季进行体育运动训练,所起到的训练效果主要为体内的新陈代谢得到有效增强,同时,身体各方面的机能水平会有显著提升。一般的,在春季进行体育运动训练的形式有很多种,常见的有长跑、自行车、跳绳、爬山、球类等。需要注意的是,春季的体育运动训练对热身活动有较高要求,一定要做充分,要使僵硬的韧带得到有效牵拉和伸展,使运动损伤的发生几率大大降低。

(2)夏季训练

夏季天气炎热,给体育运动训练增加了不便和困难,但是,为了保证体育运动训练的连续性,在夏季仍然要坚持训练。因此,夏季的体育运动训练一定要对训练的强度和时间进行严格把控。在训练的内容方面,最为理想的选择是游泳,通过游泳训练,能使运动员的身体机能得到有效提升,同时能有效避免暑热。在进行其他的运动训练时,最好在清晨和傍晚进行;室外运动要避免在中午时分进行运动训练,训练过程中要做好水分的补充,从而有效防止身体脱水和中暑的发生。

(3)秋季训练

秋季的主要特点是秋高气爽,是进行体育运动训练非常舒适的季节,这也是大多数的重大国际比赛都安排在秋季的主要原因。即便是一些冬季运动项目,其准备工作也是从夏末秋初就开始了,给运动员的适应提供了良好的条件。由于秋季天气变化无常,早晚气温较低,在进行体育运动训练时,要求及时增减衣服。另外,秋天的天气干燥,锻炼前后要补充水,以保持黏膜的正常分泌和呼吸道的湿润。

(4)冬季训练

冬季的酷寒与夏季的炎热一样,都不利于体育运动训练的开展。同样的,冬季训练也不能停止,否则就破坏了体育运动训练的持续性。在冬季坚持参加体育运动训练,能使运动员的身体水平得到有效保持或者提升,同时,其身体的抗寒能力也会有所提升,从而预防各种疾病的发生。一般的,冬季体育运动训练的内容有很多,长跑、足球、拔河等都可以,尤其在北方,冰雪项目更是受到普遍青睐。需要注意的是,在冬季,人体的生理机能惰性较大,肌肉组织容易受伤,一定要做好充分的准备活动。

3.运动量的安排

在体育运动训练的开展过程中,是一定会涉及运动量的,这是对训练效果有着重要影响的因素之一。只有采用适宜的运动量进行训练,才能取得理想的训练效果。运动量过小,无法产生理想的训练效果;但是运动量太大,也会对身体机能产生不利影响。运动员要想取得理想的训练效果和成绩,就必须不断增加运动量,使自身身体机能逐渐提升。如果运动员的活动量只是停留在初始的水平,那么,他们所从事的运动训练就只能保持身体机能不下降而无法有效地提高身体机能,更无法实现取得理想成绩的目的。

4.疲劳恢复计划

在经过一段时间的体育运动训练之后,运动员的身体会疲劳,这是一种必然的现象。疲劳是一种生理现象,在体育运动训练过程中产生疲劳是有着重要意义的,因为超量恢复就是在机体产生疲劳后经过积极的恢复所形成的,由此,身体机能才能得到有效提升。但是要注意的是,疲劳的程度要控制好,不可过度疲劳,否则,对机体健康会产生不利影响。所以一定要适当调整训练的强度,从而保证训练效果。

(二)运动训练计划的分类

关于运动训练计划的类型划分,通常会以运动训练时间跨度的长短为依据来进行,即可以将其分为多年训练计划、年度训练计划、阶段训练计划、周训练计划及课训练计划等。不同类型的运动训练计划在功能、结构特点等方面都有所差别。

(三)运动训练计划的结构

对于不同类型的运动训练计划来说,其不仅在功能、特点等方面有很多差别,内容上也都是有各自不同的侧重点的,并且据此提出了相应的特殊要求。

即便如此,在整个运动计划的基本结构上是基本相同的,可以说,不同类型的运动计划都在此结构的基础上进行侧重点不同的内容填充,可谓"万变不离其宗"。

由此可见,不同类型的运动训练计划存在着很多共同之处,基本结构也是一致的(图 6-5)。

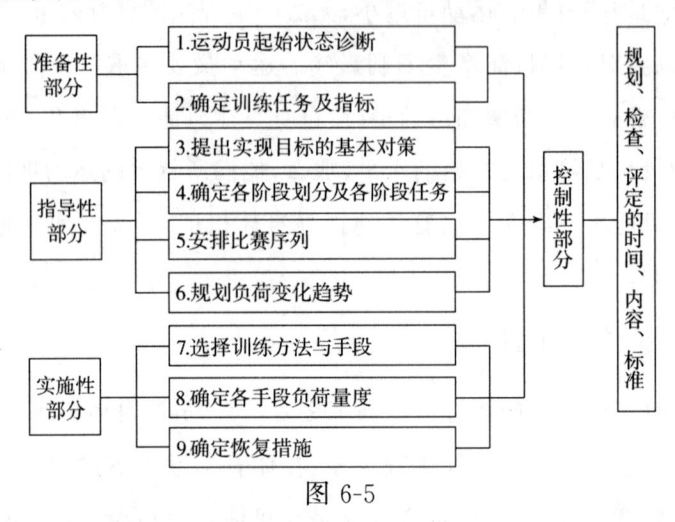

```
                    ┌─ 1.运动员起始状态诊断 ─┐
         准备性部分 ─┤                      │
                    └─ 2.确定训练任务及指标 ─┤
                                            │
                    ┌─ 3.提出实现目标的基本对策 ┤          规
                    │                         │          划
                    ├─ 4.确定各阶段划分及各阶段任务 ┤  控   、
         指导性部分 ─┤                         ├─ 制 ─ 检查
                    ├─ 5.安排比赛序列 ────────┤   性    、评定的
                    │                         │  部     时间、
                    └─ 6.规划负荷变化趋势 ────┤   分    内容、
                                              │        标准
                    ┌─ 7.选择训练方法与手段 ──┤
         实施性部分 ─┤                        │
                    ├─ 8.确定各手段负荷量度 ──┤
                    │                        │
                    └─ 9.确定恢复措施 ───────┘
```

图 6-5

二、运动训练计划的制定

(一)制订运动训练计划的重要意义

(1)运动训练计划的制订,能够对训练目标进行进一步的细分,使其分化为几个具体的训练任务。这些训练任务之间是有着密切关系的,既相互独立而又彼此联系,同时通过进一步的分解,使各个训练任务都有特定的训练方式和内容,以此为依据,运动员可以借助有效训练方法和手段来多次重复完成各种训练,使各个具体任务都能得以顺利实现,从而逐步接近,直至达到训练总目标。

(2)运动训练计划的制订,对运动员和教练员的运动训练活动的开展有积极的导向作用,能够指引他们更好地去完成训练任务,实现训练目标。

(3)运动训练计划的制订,能够在体育运动训练的开展过程中对运动员的状态和表现有客观的评价,也为后续训练计划的具体实施创造有利条件。

(二)运动训练计划制订的参照依据

在制订运动训练计划时,必须参照充足的依据来进行,这样才有可能保证所制订出的运动训练计划是科学的、合理的、可行的,在后续的实施过程中能够顺利进行并取得理想的成效。具体来说,制订科学的运动训练计划需要参照的依据主要有以下四点。

1. 训练目标

训练目标是在体育运动开展之初就要确定下来的,具有明确的训练方向指引作用,因此,训练计划必须围绕现实训练目标来制订。

2. 运动员的个人特点和现实状态

对于运动员来说,其之所以能够参加运动训练的相关活动,主要考量的是其个人特点和现实状态,可以说,这两方面是其基本出发点,也是通过一定时间的训练后可能达到的新水平的重要条件。因此,运动员的现实状态和特点的重要性,体现在运动训练计划的制订要以其为参照标准和依据,同时要保证与运动员的"最近发展区"相符,这样才能满足实施个体化训练的需求,取得的运动训练效果才可能是最佳的。

3. 运动训练的客观规律

运动训练计划的制订必须严格遵循运动训练的相关客观规律,其中较为主要的有:竞技状态的形成和周期性发展规律、生物和自然界的节律变化规律、竞技能力和训练内容的迁移规律、重大比赛安排的规律、依据人体承受负荷时的有限性和无限性规律,以及各种竞技能力和能量物质在不同负荷后的异时性恢复规律等。这些都是制订运动训练计划的先决条件,关乎所制订的运动训练计划的可行性。

4. 训练和比赛条件

运动员体育运动训练活动的开展都是在一定的训练和比赛条件下进行的,作为重要的外界影响因素,这一点在制订运动训练计划时也不容忽视。即便是同一个运动员,其在不同的训练条件和比赛条件下所取得的训练和比赛效果也是会有显著差别的。

(三)运动训练计划制订的基本要求

在制订运动训练计划时,为保证其科学性,一定要做到以下七个方面的基本要求。

1.目的明确

明确的训练目的,是在制订运动训练计划和体育运动训练开始之前就要确定好的。因为,明确的目的才能起到应有的导向性作用,才会提高运动员训练的积极性和自觉性,使其自觉坚持进行运动训练,从而取得理想的训练效果。

2.注重训练计划的连续性和系统性

从本质上来说,运动训练就是一个不断对运动员的身体机能及其适应能力产生刺激的过程,也是在这一过程中,运动员的运动能力和适应能力都会得到持续性的提升,最终,运动员的竞技能力和运动成绩也会逐渐得到强化。因此,这就要求在进行运动训练之前,一定要制定出科学合理的多年规划和全年计划,同时要做好计划中各个训练内容的相应配比,尤其要重视体能训练的比重。

3.训练方法和手段要多样化

体育运动训练通常都是比较枯燥和艰苦的,通过变换训练法能增加运动训练的趣味性,因此,可以通过不断地变换训练方法和手段的方式来改善这一问题。尤其要多注入竞赛和游戏的成分,保证运动训练的生动活泼和趣味浓郁,从而有效地提高运动员参与运动训练的兴趣。

4.及时调整运动负荷,保证其适宜性

运动员在运动训练过程中,是必须在一定的运动负荷下进行训练的,并且要保证所采用的运动负荷的适宜性,才能保证理想的训练效果。具体来说,制订运动训练计划就要以训练任务及个体情况为依据,并且结合

人体机能训练适应规律,以大负荷为核心,坚持长期、系统和有节奏地安排运动负荷,在训练中确定好量与强度的最佳结合。随着训练的不断推进,运动负荷也需要进行及时调整,确保其始终都是适宜的。

5. 注重运动训练的针对性与个体性

不同运动员之间存在着一定的个性化差异,因此在制订运动训练计划时,就需要以运动员的形态、机能、智力、心理等为依据。比赛对手和环境条件有别,因而在制订运动训练计划时,就要针对不同运动员的个体特点,以及对手和各种比赛条件等进行针对性的个体化训练,这是毋庸置疑的。

6. 体能训练与专项技战术训练相结合

体能训练和专项技战术训练,都是运动训练计划中不可或缺的内容。运动员要想综合提升自身的身体素质和运动能力,就必须将这两方面有机结合起来,实现在体能训练过程中完善和检验技战术,在技战术训练中发展和巩固体能的良好训练效果。因此,体能训练应该为技战术的运用和发挥服务,与技战术训练的结合应贯穿整个训练过程。

7. 全面安排

运动训练计划是运动员参与体育运动训练的重要参照标准,因此,要保证运动员的全面发展和提升,就要求运动训练计划也具有全面性,不仅要体现在训练内容上,也要体现在训练方法和手段上。

三、运动训练计划的实施

(一)多年训练计划的实施

多年训练计划是运动员多年训练过程的总体规划,主要涉及逐年的奋斗目标、任务、方法、比赛安排等方面内容,通常会以文字叙述结合表格的形式来将多年训练计划展示出来。

由于多年训练时间跨度较长,一般是两年到十几年,因此,计划是宏观的、战略性的,计划内容仅是框架式的。

在运动训练计划的实施过程中,由于运动员为了全面提升自身的综合素质和能力,需要进行一些针对性较强的训练,较少从事专项训练和参加比赛,所以在训练中也不一定每年都规定要提高专项成绩。应在训练目的的指导下,将每年训练的主要任务和手段确定下来,并且要求这些任务和手段能够将训练的基本方向明确下来。在多年训练计划中,所有主要任务都必须得到保留,如培养道德意志品质、掌握与改进技战术、发展一般与专项素质以及学习理论与实践知识和技能。

(二)年度训练计划的实施

年度训练计划是教练员和运动员组织实施运动训练过程最重要的文件之一。年度训练计划是多年训练计划的细化,是一系列训练计划中最重要的计划形式之一。

1. 主要内容

(1)奋斗目标、训练指导思想和主要措施。

(2)运动员的思想、技术、战术、身体、心理等的实际状况,球队的主要优缺点等。

(3)训练的基本任务、内容、要求及手段。

(4)时期的划分,各项训练任务内容、比赛和训练负荷的安排以及训练工作的考核与总结。

2. 类型划分

目前,年度训练计划主要有以下三种类型。

(1)单周期训练计划:全年为一个大训练周期。可以具体分为准备期、竞赛期、过渡期。

(2)双周期训练计划:全年分为两个大训练周期。每个大周期又有不同阶段的准备期和竞赛期的细分。

(3)年训练计划:适合身体机能和运动成绩已近极限的运动员采用。

3. 训练时期划分

对于年度训练计划,其主要分为准备期、竞赛期和过渡期三个时期。不同时期的训练任务各不相同。

(1)准备期训练任务:保持竞技状态,是从思想、心理、身体、技战术上为参加比赛做好充分的准备。

（2）竞赛期训练任务：进一步发展专项身体素质和培养道德与意志品质；巩固与改进专项技术；掌握战术和丰富比赛经验；保持已达到的一般身体训练与专项基础的水平，进一步改善这方面的薄弱环节以及提高理论知识水平等。

（3）过渡期训练任务：调整训练，消除身体与心理的疲劳，为下一周期的训练做好准备。

（三）阶段训练计划的实施

阶段训练计划也称中周期训练计划，持续时间在3～8周之间。每个阶段由数个同一类型或不同类型但又近似的小周期组成，它是训练过程中一个相对完整的阶段。

体育运动训练的阶段训练计划通常包含引导阶段、一般准备阶段、专门准备阶段、赛前准备阶段和比赛阶段。不同阶段的特点和持续时间各不相同。

1. 引导阶段

主要特点：训练负荷量的上升是呈平稳和逐步上升态势的。
持续时间：较短，2～4周。

2. 一般准备阶段

主要特点：努力提高有机体机能的总水平，全面发展身体素质、运动技能和能力。
持续时间：4～8周。

3. 专门准备阶段

特点：提高专项训练水平和改进运动专项技术，逐渐加大比赛性练习的比重并提高训练课的强度。
持续时间：4～8周。

4. 赛前准备阶段

特点：一年中这种阶段可能出现数次。

持续时间:3~6周。

5.比赛阶段

特点:是主要比赛期间的一种训练形式。

持续时间:取决于竞赛日程和规模。

(四)周训练计划的实施

周训练小周期是由数次训练课组成的,在整个训练过程中,周训练小周期是相对完整而又经常重复的单位。不同类型的训练小周期联合在一起,是组成阶段训练中周期的基础。

由于训练目的不同,周训练小周期又可以分为训练小周期、比赛小周期和恢复小周期等。不同小周期的特点和内容各不相同。

1.训练小周期

训练小周期主要包含以下几方面内容。

(1)"引导性"小周期:逐渐提高量和强度。

(2)"发展性"小周期:量大,强度中等。

(3)"冲击性"小周期:最大强度和最大量结合。

(4)"稳定性"小周期:训练强度较高,训练量有所下降。

2.比赛小周期

比赛小周期主要包含以下几方面内容。

(1)"准备性"小周期:模拟比赛条件,提高适应比赛能力。

(2)"打基础"小周期:为直接参加比赛做准备,或在赛前进行。

(3)"比赛"小周期:直接参加比赛。

3.恢复小周期

通过训练与场地改变及负荷量的降低实现积极性休息。

(五)训练课计划的实施

训练课计划的实施过程中,主要呈现出以下特点。

(1)开始部分:缓慢的准备活动。

(2)课的基本部分:运动量的曲线较高。

(3)结束部分:运动量降低。

四、运动训练负荷的科学控制

一般在运动训练计划中,运动负荷的调控至关重要,其关系到训练效果的理想与否。对运动训练负荷程度产生影响的因素有很多,其中起决定性影响的因素主要有训练的周期节律、专项竞技的需要、运动员的承受能力等方面,这就要求一定对其加以高度关注。

另外,运动训练计划中的运动负荷适宜与否、适宜程度如何,需要借助一定的方法来判定,比如常见的生物学判断、教育学判断、心理学判断等,具体根据实际情况加以选用。

(一)运动训练计划中训练负荷的科学调控

训练负荷的持续提高会在很大程度上受到人体适应和恢复机制的影响,要想在训练的每一个阶段都呈直线提高是不可能的。在不同时期,训练负荷提升的具体程度不同,但通常都是呈各种形式的变动态势的。所以,运用负荷→恢复→超量恢复的生理规律,根据不同的具体条件,进行各种调控形式,逐步加大训练负荷,从而对运动员运动技能的提高和运动能力的提升起到促进作用。

在运动训练中,负荷量增长的形式主要有以下五种。

1.阶梯式增长

增长方式:上升→保持→上升。

适用范围:比赛期前期的负荷安排。

2.渐进式增长

增长方式:按一定的规律斜线上升。

适用范围:一个较短的训练阶段中。

3.恒量式增长

增长方式:在一定的训练阶段中,训练量保持在一个相对稳定的水平上,变化不显著。

4.跳跃式增长

增长方式:通过负荷的大起大落打破原有的动态平衡,并产生明显的超量恢复来加大训练量。

适用范围:高水平运动员。

5.波浪式增长

增长方式:上升→保持→下降→再上升。

适用范围:训练的各个时期。

(二)运动训练计划中训练负荷的科学安排

运动训练计划中的训练负荷必须保证适宜性。

1.训练量的安排要合理

合理安排训练量本身就具有显著的复杂性和科学性特点。不同训练时期、阶段的训练任务是不同的,不同运动员在训练中承担负荷的能力也大小不一,对负荷的适应过程快慢有别,对量和强度适应能力的表现也各不相同。因此,必须根据任务和对象的水平合理安排运动量。

2.掌握好负荷与恢复的关系

运动员的体育运动训练都要保证充分的休息和恢复,在此基础上,才能进行下一次的运动训练。因此科学安排训练课的间歇时间,并根据超量恢复的原理来掌握就显得尤为重要。

这里需要强调的是,负荷积累要控制在运动员能够承受的范围内,切忌达到过度疲劳的程度。另外,在体育运动训练中承受一定的训练负荷后,一定要保证充足的休息时间,从而保证机体达到超量恢复。课与课之间都要有间歇,课负荷的大小和间歇时间的长短呈正比关系;运动员接受负荷的能力以及恢复的机能水平,也和间歇时间呈正比关系,负荷的性质决定了所需的恢复时间的长短。

3.灵活变更训练计划

从某种意义上来说,运动训练计划是教练员与运动员,为即将进行的训练过程预先提出的设计方案。但是在实际的体育运动训练中,运动训练活动是不断变化的,这就赋予了其可变性和复杂性的显著特点,所以预定的训练计划与训练实践总会产生差距,可谓"计划赶不上变化"。因此就需要及时变更训练计划,针对训练过程中的身体和心理状态、社会环境的干扰与意外的影响等各种动态变化的因素,随时灵活地变更训练计划,从而使训练效果更加理想。

第五节　加强学校高水平运动队的训练与管理

一、学校高水平运动队训练管理概述

(一)高水平运动队训练管理的基本内容

1. 组织人事管理

从本质上而言,高水平运动队训练管理就是对运动队的人力资源进行有效整合,然后对人力进行管理。具体来说,关于学校高水平运动队的组织人事管理工作的开展,可以从以下两方面着手进行。

(1)建立科学的选拔制度和管理体系

在高水平运动队训练管理中,首先要建立选拔制度,选拔优秀的教练员与运动员,并对其进行专业培养。

(2)采用科学的培养方法,促进人力资源素质的全面提高

在高水平运动队训练管理中,要培养各个层次的人力资源,要在新时代背景下进行人才培养,使新时代的人才符合时代发展的要求。

2. 思想教育管理

思想教育管理在学校高水平运动队训练管理中占据的地位是非常重要的,并且这是一项隐性的内容,是需要在长期坚持下才能出效果的重要

内容。高水平运动队思想教育水平的高低,不仅关乎学校形象,更关乎国家荣誉,因此思想教育管理必不可少。

学校对高水平运动队进行思想教育管理所涉及的内容有以下五点。

(1)爱国、爱人民的意识与观念。

(2)集体主义精神和团队精神。

(3)遵守组织纪律的习惯。

(4)坚忍不拔、顽强拼搏的意志品质。

(5)互相尊重、助人为乐的精神。

3.训练竞赛管理

学校高水平运动队的训练竞赛管理,涉及两方面的内容,一个是训练计划管理,一个是竞赛管理。

(1)训练计划管理

关于运动训练计划,已经在上述内容中进行了探讨,这方面管理所涉及的内容主要有以下六点。

①训练现状分析。

②训练目标体系。

③训练的指导思想、任务、内容及方法手段。

④训练阶段的划分。

⑤训练负荷的安排。

⑥训练效果评价等。

另外,需要强调的是,训练计划制订完成后,要进行评议、检查、修订,以促进计划的不断完善,从而将其指导作用更好地发挥出来,使运动训练顺利实施,提高训练效率。

(2)参赛管理

一般来说,学校高水平运动队所参加的比赛通常具有规模大、水平高的显著特点,而且参赛数量多,因此,竞赛效益往往备受关注。同时,由于面临的任务艰巨,责任重大,所以要严格选拔参赛运动员,公开竞争、教练组指定等是选拔的主要方式。但是,这两种选拔方式都具有一定的不足,比如公开选拔不利于从全局来综合分析整个队伍的发展,而教练组指定方式说服力不强、主观性明显。因此,为了保证选拔的客观性和科学性,往往会将两种方式结合起来加以运用。

在比赛过程中,运动员要严格按照教练员布置好的技战术要求去执行,队员之间要互相鼓励、帮助,充分发挥团队精神。此外,在比赛的整个过程中,运动员对裁判、对手、观众都要持尊重的态度,还要做好比赛前的准备工作,避免比赛中不必要的慌乱与紧张。

4. 文化学习管理

学校高水平运动队的运动员,首先是一名学生,对于他们来说,文化课是他们最基础、最本职的学习内容。只有学习好文化知识,其理论基础才会比较扎实,对于体育运动训练方面的开展也更为有利。另外,运动员的竞技能力具有显著的综合性特点,其是由技战术、体能、智能、心理等因素共同组成的,其中运动智能的重要性不容忽视,这也从侧面反映出了加强运动员文化教育的重要性和必要性。

5. 财务后勤管理

在学校高水平运动队管理中,为了使运动训练和比赛的相关需要得到有效满足,需要适当安排一些专门的人员管理财务和后勤工作,要科学制订管理制度,管理人员要严格按制度要求进行管理。

6. 科技服务管理

所谓的科技服务管理,就是指在高水平运动训练中,针对科研活动进行的管理。其主要包含两方面内容:一个是对科研人员的管理,一个是对科技攻关过程的管理。

在学校高水平运动队中进行科技服务管理,需要从以下四方面着手。

(1)建立科技攻关团队。

(2)注重科技服务的工作流程。

(3)建立数据库,提高训练的定量管理水平。

(4)建立运动训练科研管理制度。

(二)高水平运动队训练管理的方法

高水平运动训练管理的方法有一般方法和现代方法之分,一般方法包括行政管理法、法律管理法、经济管理法等;现代管理方法主要有以下两种。

1. 数量分析方法

以定量分析为主的管理方法就是数量分析方法。

(1)数量分析方法的要素

现在,数量分析方法包含的内容非常丰富,这些内容也形成了相对独立的分支。但不管是哪种类型的数量分析方法,其都包含理论基础、数学模型、方法步骤、管理手段四个要素。

(2)数量分析方法的应用

常见的数量分析方法有网络计划方法、可拓工程方法、博弈论方法等。

2. 管理心理学方法

管理心理学是以管理活动中人的心理活动规律为研究对象,以提高人的积极性、激发人的潜能、提高人的工作效率和管理效率为目的的一门科学。[1] 一般的,管理心理学方法主要包括调查法、实验法、经验总结法。

在高水平运动队训练管理中采用管理心理学的一系列理论,可促进管理思想的活跃、发展,促进以人为中心的管理的加强,知人善任,合理使用人才,促进人际关系的改善和群体凝聚力与向心力的增强,促进组织的变革和发展,进而促进管理方法的丰富和管理效果的提高。[2]

---

[1] 刘青.运动训练管理教程[M].北京:人民体育出版社,2007.
[2] 田麦久.运动训练学[M].北京:高等教育出版社,2006.

二、学校高水平运动队训练管理的制度建设

(一)高水平运动队训练管理的体制

一般的,以运动训练的性质为依据,可以将运动训练管理体制大致分为以下三种类型。

1. 以专业为主的训练管理体制

这种类型运动管理体制的主要特点是,政府相关部门负责培养运动员,国家提供训练经费、场地设施,统一安排教练员等。在这一训练管理体制下,运动员要通过科学的专业训练不断提高自己的专项技能。同时,在学校高水平运动队训练管理中采用这种体制,对于整合相关资源、培养高水平的运动员和优秀的后备运动人才都有着非常积极的影响。

2. 以职业为主的训练管理体制

这一类型训练管理体制的本质,就在于是以职业为主的训练管理体制,就是依据市场经济发展规律和高水平竞技运动发展的需要来经营体育,具有显著的企业管理性质。

3. 以业余为主的训练管理体制

这一类型训练管理体制也具有显著特点,主要表现为,由个人或家庭支付训练经费,由社会和政府共同提供训练所需的场地设施。在这种体制中,文化教育和运动训练都能够得到保障,对运动员的全面成长是有帮助的。

(二)高水平运动队训练管理机制的创新发展

1. 观念创新

这里所说的观念创新,实际上就是管理思维和理念的创新,这也是高水平运动队训练管理机制创新发展的首要任务。具体来说,高水平运动队训练管理观念创新可以从以下四点着手进行。

(1)"物本管理"向"人本管理"的转变。

(2)"命令管理"向"服务管理"的转变。

(3)"静态管理"向"动态管理"的转变。

(4)"封闭管理"向"开放管理"的转变。

2.组织创新

从我国学校高水平运动队训练管理的实际出发,所采用的组织结构以金字塔结构为主,表现出的问题主要有分工过细、结构层次重叠、管理幅度小、工作效率低、部门之间存在隔膜、工作人员的积极性和创造性不高、全社会参与度低等。这些问题对高水平运动队训练管理的质量与效率都产生了严重的制约甚至阻碍作用。这些问题要想得到妥善解决,加强运动训练管理组织创新势在必行,由此能够有效促进运动训练相关资源的优化配置、机构的整合和各岗位人员作用的充分发挥,从而大大提升管理效率,对于高水平运动队训练水平的综合提升大有益处。

3.方法创新

在高水平运动队训练管理中,科学有效的训练管理方法是不可缺少的重要因素,这对于管理者管理职能的发挥以及管理工作的落实,甚至管理目标的实现都有着重要的影响。

关于学校高水平运动队训练管理的方法,要保证其科学性和可操作性,加强运动训练管理方法的创新,使管理方法能够做到与时俱进。要做到这一点,就需要管理者在对各个训练管理方法有全面且深入了解的基础上,综合它们的特点和应用范围、适用对象等,根据实际需求进行针对性的整合与创新,在运动训练管理领域引入新管理方法,促进管理水平的提高。

4.制度创新

要做好学校高水平运动队训练管理的制度创新,要选择好创新的方式,具体来说,以下两种方式较为适宜。

(1)推陈出新,对过去的规章制度进行深入改革,从而有效促使已有制度的进一步完善。

(2)在原有的基础上,制定新的运动训练管理制度。

三、学校高水平运动训练管理的科学评价

对学校高水平运动训练管理的评价进行研究,要明确其训练管理的绩效,这主要体现在运动训练管理过程和运动训练管理结果中。对学校高水平运动训练管理的评价,实际上就是对绩效的评价。

在学校高水平运动训练管理中对管理绩效的评价,主要涉及以下三方面的内容。

(一)条件评价

高水平运动队训练管理的条件,包含了人力、物力、财力、信息、技术等方面。要对运动训练管理的条件进行评价,就要保证评价的全面性,从而保证评价的客观性与准确性。

(二)过程评价

在对学校高水平运动队训练管理过程进行评价时,要求从教学管理、训练管理、思想政治工作、生活管理、行政管理等方面入手。

(三)效益评价

在学校高水平运动队训练管理的效益评价方面,通常将上一级训练层次输送的人才数量、质量以及训练的成才率等作为主要的评价标准。

参考文献

[1]韩相伟.大学生体育训练教学发展[M].北京:北京工业大学出版社,2020.04.

[2]卢永雪,刘通,龙正印.体育教学技能训练[M].成都:电子科技大学出版社,2019.12.

[3]谢宾,王新光,时春梅.高校体育教学与运动训练研究[M].长春:吉林人民出版社,2021.10.

[4]于海,张宁宁,骆奥.高校体育教学与训练实践研究[M].长春:吉林人民出版社,2021.09.

[5]曹垚.现代体育教学理论与实践训练探索[M].长春:吉林人民出版社,2020.07.

[6]唐军良.中小学体育教学技能训练的理论与实践[M].长春:吉林人民出版社,2021.06.

[7]沈建敏.体育教学创新与运动训练研[M].北京:新华出版社,2018.03.

[8]吕新颖.体育教学与训练的理论和实践探索[M].合肥:合肥工业大学出版社,2011.09.

[9]费思.体育舞蹈教学与训练的理论与实践研究——以摩登舞为例[M].长春:吉林人民出版社,2021.07.

[10]栾丽霞.普通高等院校十四五规划体育精品教材:网球运动教学与训练[M].武汉:华中科技大学出版社,2021.03.

[11]马健勋.高校体育教学与科学训练[M].北京:北京工业大学出版社,2023.04.

[12]陈敬清.体育教学改革与训练研究[M].北京:中国商务出版社,2023.01.

[13]马超.高校体育教学与训练研究[M].长春:吉林出版集团股份有限公司,2022.06.

[14]史祎.体育教学与运动训练康复研究[M].哈尔滨:黑龙江科学技术出版社,2023.01.

[15]陈雷.高校体育教学理论与训练实践研究[M].哈尔滨:黑龙江科学技术出版社,2023.01.

[16]张萍.现代高校体育教学与运动训练研究[M].哈尔滨:哈尔滨出版社,2023.04.

[17]张晓川,高健,任翔.体育教学改革创新与训练实践研究[M].沈阳:辽宁人民出版社,2023.05.

[18]张萍,朱洋志,张磊.学校体育教学理论与实践训练研究[M].延吉:延边大学出版社,2023.01.

[19]庄杰,陈雅琪,付晶晶.体育教学模式与训练实践研究[M].长春:吉林出版集团股份有限公司,2022.08.

[20]郭生鼎,黎正成.体育教学理论与训练实践探索[M].哈尔滨:北方文艺出版社,2022.06.

[21]侯向锋.体育教学与篮球体能训练研究[M].长春:吉林出版集团股份有限公司,2022.02.

[22]马冀贤.体育教学的体系构建与科学训练[M].长春:吉林出版集团股份有限公司,2022.06.

[23]李储涛.有效教学视角下体育教学与训练质量的提升探索[M].长春:吉林出版集团股份有限公司,2023.03.

[24]王皋华.高校体育教练员基本教学训练技能岗位培训[M].北京:北京理工大学出版社,2009.03.

[25]李响.高校体育教学训练水平提升策略与实证[M].北京:北京燕山

出版社,2022.06.

[26]张建梅.高校体育教学与大学生体能训练[M].长春:吉林科学技术出版社,2020.10.

[27]蔡金明.体育教学技能训练[M].哈尔滨:哈尔滨工业大学出版社,2017.11.

[28]李慧.高校体育教学改革与科学化训练研究[M].沈阳:辽宁大学出版社,2021.04.

[29]李福祥,李杰,林海等.体育课堂教学设计与技能训练指导[M].北京:九州出版社,2018.05.

[30]张红玲.高校学术文库体育研究论著丛刊:乒乓球教学与训练[M].北京:中国书籍出版社,2019.06.

[31]许宇斌,黄淮雷,陈历泽.现代教育理念视域下体育教学与训练体系的优化[M].北京:中国书籍出版社,2022.01.

[32]吉丽娜,李磊.高校体育教学与训练理论实践探究[M].北京:地质出版社,2017.06.

[33]张胜利,邢振超,孙宇.高校体育教学与科学训练[M].北京:九州出版社,2015.01